Reise

nach

Oesterreich

im Sommer 1831,

von

Wolfgang Menzel.

Stuttgart und Tübingen,

in der J. G. Cotta'schen Buchhandlung.

1832.

Vorwort.

Oesterreich gleicht seiner Donau. Obgleich dieser Strom, den übrigen europäischen Flüssen zum Trotz seinen Lauf rückwärts nimmt, kommen seine Gewässer durch das schwarze und Mittelmeer am Ende doch auch ins atlantische Meer. Es soll mir zum großen Vergnügen gereichen, wenn die folgenden Blätter etwas dazu beitragen, die Vorurtheile zu zerstreuen, welche man im übrigen Deutschland noch so häufig gegen die Oesterreicher hegt. Dieses kerngesunde und liebenswürdige Volk steht jetzt genau auf der Stufe, auf welcher es Joseph II gern haben wollte, es ist nach und nach und wie von selber josephinisch geworden, und die Aufklärung hat in Oesterreich weit größere Fortschritte gemacht, als man gewöhnlich glaubt, oder zu sagen wagt. — In den äußern, minder bevorzugten Pro-

vinzen ist Erfahrung und Bedürfniß; in
der glücklichen Mitte des Reichs ist
Lectüre und wissenschaftliche Bildung die
Lehrmeisterin gewesen, deren Unterricht
weder Censur noch geheime Polizei ge=
hemmt haben. Ich gestehe, daß mir Be=
merkungen dieser Art wichtiger waren,
als das schadenfrohe Aufspüren längst schon
von hundert Schriftstellern ins Brand=
schwarze gemalter Schattenseiten des Stock=
und Stocküngsystems.

Wenn man die himmelhohen Alpen
und die reichen Fruchtgelände der Donau
im Sonnenglanze sieht, und sich in das
fröhliche Gewimmel des kräftigen und
schönen Volkes mischt, und zugleich über=
all auf unterrichtete und denkende Köpfe
und feingebildete Männer trifft, so wird
man mit Liebe und Achtung für das herr=
liche, unerschöpflich reiche Land und Volk
erfüllt, und man freut sich an dem Ge=
danken, daß diese gesunde Kraft durch
nichts abgenutzt werden kann.

Inhalt.

Viertes Capitel.

Fünftes Capitel.

Sechstes Capitel.

Siebentes Capitel.

Achtes Capitel.

Erstes Capitel.

Veranlassungen der Reise. — Stuttgart.
Rosenstein. — Kannstadt. — Eßlingen. —
Göppingen. —

Ueber meinem kritischen Eifer gegen die
deutsche Gelehrtenpedanterei war ich nahe
daran, selbst hinein zu fallen; wenigstens
mußte mich erst eine ernsthafte Krankheit zu
Anfang des Jahres 1831 daran erinnern,
daß ich zu viel und zu lange hinter dem
Schreibpult gestanden. Ich schämte mich,
daß mein Körper klüger gewesen seyn sollte,
als mein Geist; allein der Mensch ist einmal
so, und anstatt der Stimme des Gewissens,
die im Körper liegt, anstatt den allerunter=
thänigsten Einwendungen des repräsentativen

Körpers Gehör zu geben, ist er gern dessen
Tyrann, und muthet ihm mehr zu, als er er=
tragen kann. Der Arzt, ein Alldopath, verbot
mir die Bücher und die Feder, die mich krank
gemacht, und befahl mir eine Erholungsreise,
wobei ich alle geistige Anstrengung möglichst
vermeiden sollte. Wohin nun? frug ich mich.

Ich soll nicht denken. Aber wo in aller
Welt denkt man nicht? In Oesterreich,
flüsterte mir mein guter Genius zu. Hatte
ich nicht hundertmal gelesen, daß in Oester=
reich das Denken verboten sey, und hatte ich
mich eben deßhalb nicht immer vor Oesterreich
gefürchtet? War mir nicht als Knabe, da
ich einmal nach Böhmen gerieth, angst und
bange geworden, daß schon der Gedanke, hier
nicht denken zu wollen, mir den Kopf kosten
könnte? Wo konnte mir nun besser geholfen
werden, als in Oesterreich? Ich durfte mir
ganz dreist in den Paß setzen lassen, daß ich
nur reise, um nicht zu denken. Ich reiste
also mit einer Sicherheit und mit einem Wohl=

behagen nach Oesterreich, das nur ein Oester=
reicher selbst empfinden kann. Ich war zum
erstenmal in meinem Leben stolz auf Gedanken=
leere, und bemerkte nicht ohne Erstaunen, daß
dieser Stolz weit mehr schmeichelt und weit
glücklicher macht, als der Stolz auf das Ge=
gentheil, auf die Gedankenfülle. Nie war
mir wohler als in dieser Entäußerung des
Geistes, und ich schmeckte einige Tage lang
die unaussprechliche Wollust der mystischen
Geistestödtung. Aber ach, es war eine
bloße Täuschung, denn wie ich über die k. k.
Gränze kam, fand ich zu meinem Schrecken,
daß man dahinter so gut denkt, wie davor,
und daß die Gränzen des Denkens nirgends
sind, wie die des Raums.

Die Sache war indeß einmal geschehn,
und das Denken folgte mir, wie dem Horaz
die Sorge, überall nach, wobei ich es als
eine besondere Gnade der Vorsehung ansehe,
daß ich dennoch vollkommen geheilt nach Hause
kam, wie denn oft die bloße Einsicht in die

1 *

Nutzlosigkeit einer Arznei die Wirkung der=
selben hervorbringt.

Ich verließ Stuttgart am 21 Junius
1831, welches zufällig mein drei und dreißigster
Geburtstag war. Stuttgart, wo ich mich nach
langen Irrfahrten vor acht Jahren bürgerlich
niedergelassen, wird von den Reisebeschreibern
gewöhnlich nur im Vorbeigehen erwähnt, bietet
aber dem Einheimischen weit mehr Reize dar,
als dem Fremden. Um sich mit dem Schwa=
benland und Schwabenvolk recht innig zu be=
freunden, muß man es erst genauer kennen,
und mit ihm vertraut werden, denn ungleich
den glänzenden Rheinlanden, gewinnt es
durch längere Bekanntschaft, indem seine
Schönheit erst nach und nach mehr hervor=
tritt. Wie die lieblichsten Thäler der rauhen
Alp und des Schwarzwaldes, so liegen auch
die Gemüthsreize des Volks in bescheidener
Verborgenheit; aber die Liebe, die hier nur
durch Dauer gewonnen wird, wird auch durch
Dauer belohnt.

Stuttgart hat eine sehr anmuthige Lage, weniger in der Mitte als am Ausgange eines Bergkessels, der gegen die Stadt in unzähligen, mit Wein üppig bepflanzten Terrainwellen convertirt, wie eine Venusmuschel.

Dieser Bergkessel öffnet sich nordöstlich gegen das Neckarthal, und der Raum zwischen der Stadt und dem Neckar ist durch die königlichen Anlagen und das Lustschloß Rosenstein sehr verschönt. Nur an lebendigem Wasser mangelt es. Stuttgart gehört in die Kategorie der neuen Residenzstädte, die ohne alle Rücksicht auf ihre mercantilische oder militärische Lage aus ländlichen Fürstensitzen nach und nach zu großen Städten erweitert worden sind. Es kann weder Handelsplatz seyn, weil es kein Wasser und nur beschwerliche Bergstraßen hat; noch ein Waffenplatz, da es ringsum von den Bergen occupirt wird. Weit günstiger liegt eine Stunde davon Kannstadt am schiffbaren Neckar, und im Durchschnittpunkte großer Heer- und Handelsstraßen.

Der Weg nach Kannstadt führt an dem
neuen Lustschlosse Rosenstein vorüber. Das=
selbe liegt auf einem künstlich abgerundeten
Hügel, nur leider etwas zu vertieft, so daß
es von unten aussieht, als ob es halb in die
Erde gesunken wäre. Auch hat das Gebäude
selbst von außen ein etwas zu massives An=
sehn, die Masse des Steins herrscht zu sehr
vor, und der Geist der Form hat das Ma=
terial nicht genug überwunden. Das Innere
aber ist sehr reich decorirt, und die Aussicht
in das Neckarthal ausnehmend reizend.

Ich fuhr dieses Thal aufwärts, dem
gegenüber liegenden Kannstadt vorbei, nach
Eßlingen. Das Thal ist zu beiden Seiten
von Weinbergen umringt. Auf einem der=
selben stand einst das alte Stammschloß Wür=
temberg, die Wiege des königlichen Hauses,
an dessen Stelle jetzt das Grab der verewigten
Königin Katharina steht.

Man kommt bei der anmuthig gelegenen
Stutterei Weil vorüber nach Eßlingen, der

alten Reichsstadt, die manche harte Fehde
mit Würtemberg bestand, jetzt aber eine ziem=
lich herabgekommene Provinzialstadt ist. Ihre
größte Zierde ist die sehr romantisch an einen
hohen Weinberg sich lehnende Liebfrauenkirche,
zwar klein, doch vollendet und im besten gothi=
schen Geschmacke gebaut. Die gebrochene Ar=
beit des ganz durchsichtigen Thurms besteht
aus lauter vielfach verschlungenen Rosen,
Kreuzen und Herzen. Im Innern ist sie durch
modernen Ungeschmack bunt ausgepinselt, was
indeß dem harmonischen Eindrucke des edlen
Säulenwaldes kaum Eintrag thut.

Von Eßlingen bis Göppingen ist die Ge=
gend nicht mehr interessant. Doch gewährte
es mir eine angenehme Unterhaltung, auf
Feldern und Wiesen die üppige Flora dieser
Jahreszeit zu betrachten. In jeder Woche
zieren die Fluren andere Blumen, geht diese
ein, jene auf. Alexander von Humboldt hat
zuerst auf den malerischen Geschmack der
Natur aufmerksam gemacht, mit welchem sie

unter allen Zonen gewisse Bäume, Sträuche,
Blumen und Kräuter als ein schönes, in
sich harmonisches Ganzes, zusammengruppirt.
Dasselbe geschieht aber nicht nur dem Raume,
sondern auch der Zeit nach. Flora wandelt
in einem ewigen Regenbogen durch die Natur. Im ersten Frühlinge streut sie die
weißen Blumen und Blüthen aus, in denen
noch des Winters Schneeglanz blinkt; dann
im Mai schmückt sie das tiefere Grün der
Wiesen mit gelben Sternen und Dolben;
im Junius bricht das milde Roth der Rosen
auf, und das brennende der Lilien, Benonien
und des Feldmohns; dann folgt im Julius
der blaue Flor des Flachses, der Kornblumen
und unzähliger Feld = und Waldblumen; im
August aber vermischt sich Roth und Blau in
dem Purpur und tiefen Violet der Astern,
Thalien und Herbstrosen, bis alle diese Farben
in dem Braun der fallenden Blätter untergehn.

Eine Antike seltsamer Art störte mich in

meiner Naturbetrachtung. Es begegnete mir nämlich ein Wiedertäufer, wie man da in der Gegend einige sieht. Sie erinnern mit ihren Bärten an die ferne Vorzeit, deren Reliquien sie sind, denn sie schreiben sich noch von den Zeiten her, die der Reformation vorhergingen, und haben alle Katastrophen derselben überlebt. Man duldet und achtet sie, da ihrer nur wenige sind, und da sie einen exemplarischen Wandel führen. Es gibt überhaupt in Schwaben wie in der Schweiz sehr viele, obwohl sehr von einander verschiedene Sectirer, und ich habe die Erfahrung gemacht, daß in der Schweiz mehr idle praktische Schwärmerei und der Gefühlspietismus, in Schwaben mehr die tiefsinnige, den Verstand beschäftigende Mystik zu Hause ist.

In Göppingen fiel mir an der Table d'hote ein hagerer ältlicher Mann auf, der mit unbeschreiblicher Seligkeit im Blicke dasaß, obgleich die steinernen Falten seines Amts- und Schulgesichts seit einem Menschenaller jeder Freude abgestorben schienen. Der gute Mann verhehlte mir die Ursache seiner heutigen Wonne nicht. Sein Sohn hatte das Examen glücklich bestanden, zu dem er ihn von Kindesbeinen an vorbereitet, und er gestand, daß ihm nun erst zum zweitenmal recht wohl in der Welt sey: das erstemal sey dieß bei seinem eigenen glücklichen Examen der Fall gewesen, aber in der ganzen langen Zwischenzeit, zwanzig Jahre vor seinem eigenen und wieder zwanzig Jahre vor dem Examen seines Sohnes, habe ihn eine unablässige Angst vor diesem Examen gequält, eine Angst, die auf seinem Gesichte in tiefen Zügen sich verewigt hatte.

Wie fiel dabei sogleich ein, was Paulus bei Gelegenheit der Seherin von Prevorst gesagt hat: „Bei der wiederholten Voraussetzung dieser Seherin, daß in dem Zwischenreiche so fleißig Schule gehalten und gelernt wird, freut es mich recht sehr, in der Seherin eine ächte wurtembergische Landsmännin zu

erkennen. Würtemberg hat das wichtige
Verdienst, seit der Reformation einen sehr
ernstfleißigen Schulunterricht von der niede=
sten bis zur höchsten Stufe eingeführt zu
haben. Daran erkenne ich denn die Würtem=
bergerin, daß sie auch die künftige Welt sich
nicht anders als wie ein Schulhalten mit un=
zähligen Schülern und Schülerinnen vorstellen
konnte.“

Man findet dieses Urtheil bestätigt, wenn
man im Schwäbischen Merkur vom 3 Au=
gust 1831 wörtlich folgende Todesanzeige
lieset:

„Am 26 Julius nahm Gott unsern ge=
liebten N. N., Zögling des Schullehrer=Se=
minars in Eßlingen, in seine höhere himmli=
sche Bildungsanstalt auf.“ Und vom 19
September. „Das jüngste unserer lieben Kin=
der, Friederike, hat der Kinderfreund Jesus
in die himmlische Erziehung abgerufen.“ —

Gewiß, der Geist, der in Würtemberg
vorherrsche, ist nicht der frivole Geist des

Genusses, sondern der strenge Geist der Arbeit. Der Fremde erstaunt über den unermüdlichen Fleiß des Landmannes auf den Feldern, über die von Arbeit abgehärteten, nicht selten abgezehrten Gestalten, über den Anblick von schon erschöpften Greisen, die dennoch mit schweren Lasten über Feld gehn, und von unreifen Kindern, die sich schon an gleiche Lasten gewöhnen. Er erstaunt nicht minder über die Geschäftigkeit der Bürger, über den Mangel an Pflastertretern und Müßiggängern, über die Bescheidenheit der Sonntagsfreuden, über die verhältnißmäßige Einsamkeit der öffentlichen Vergnügungsörter. Jenes Dolce far niente, und jene laute Volkslust, wie am Rhein, in Franken und Bayern, findet man in Würtemberg nicht. Am wenigsten aber gleicht der ernste, anständige und genügsame Würtemberger dem immer lustigen und behaglich genießenden Oesterreicher. Dieser ernste Charakter zeigt sich auch in den höher gebildeten Kreisen, in

der gelehrten Welt. Tiefsinnige Denker und
Dichter, gründliche Fachgelehrte bringen den
Ruhm Schwabens auf die Nachwelt; aber
die belletristischen Eintagsfliegen, die ander=
wärts in ganzen Schwärmen zu finden sind,
bleiben den Ufern des Neckars fern. Ueberall
im Lande stößt man auf kenntnißreiche, durch
eine sehr gute Schule gebildete Männer; aber
die heitere Mittheilung, die geschwätzige Con=
versation fehlt, die anderwärts so oft den
Mangel an gründlicher Kenntniß bedeckt.
Endlich macht sich dieser strenge Geist der Ar=
beit auch in der Staatsverwaltung geltend,
und die Vielschreiberei ist hier recht eigentlich
zu Hause.

Eine solche Arbeitseligkeit hat ihre schöne
Seite, allein sie hat auch eine traurige Seite.
Die Last des Lebens muß ausgeglichen seyn
durch den Genuß des Lebens, und es scheint,
der Sinn des Schwaben sey nicht ursprüng=
lich der Freude so abhold, und der trübe Ernst
liege mehr in den gegenwärtigen Verhält=

nissen. Zwar hat einer der liebenswürdigsten
Schriftsteller Schwabens, Bührlen, in seinen
freundlichen Schwarzwaldbildern unlängst behauptet, der größere Ernst, der am mittlern
Neckar und in der schwäbischen Alp gefunden
werde, und der sich so auffallend von der
größern Lustigkeit der Schwarzwälder unterscheide, sey eine Folge der geographischen und
klimatischen Verhältnisse, des Bodens, des
Wassers, der Luft; allein man muß auch noch
historische Einflüsse dazu nehmen.

Der schwäbische Bauernkrieg und seine
gewaltsame Unterdrückung im Jahre 1525
hinterließ ohne Zweifel einen tiefen Eindruck
im Volke, dessen Bitterkeit und Traurigkeit
wohl nicht gemildert werden konnte durch
den finstern Geist der Rechtgläubigkeit, der
seitdem von der Universität Tübingen aus-
ging, und noch weniger durch den harten
Druck, mit welchem mehrere gewaltthätige
und verschwenderische Herzoge das Volk be-
lasteten. Man erinnere sich nur an die Ver-

hältniffe, welche Schiller veranlaßten, sein
Trauerspiel „Kabale und Liebe" zu schreiben,
diefes treue Abbild seiner Zeit. Solche Zustände der Völker verbreiten ihren Einfluß
trotz der veränderten Zeiten immer auf mehrere
Generationen hinaus, und müssen in Er-
wägung gezogen werden, wenn man den Ur-
fachen so mancher noch jetzt vorkommenden
Erscheinungen nachdenkt.

　　Jenseits Göppingen erhebt sich der Hohenstauffen, in edlem Schwunge aus dem niedern Hügellande ansteigend und weit die Gegend beherrschend. Der Berg selbst hat ein
so edles kaiserliches Ansehen, daß man die
Burg kaum vermißt, die er einst trug, und
die jetzt glatt weggrasirt ist. Daß es just die
Bauern waren, welche diese alte Burg der
Cäsaren brachen (im Bauernkriege), gehört zu
den merkwürdigen Ironien, welche sich die
Weltgeschichte bisweilen als Licenz erlaubt.
Wie die Kaiser überhaupt die natürlichen
Beschützer und Verbündeten des Bauernstandes

in allen ihren Kämpfen mit dem abtrünnigen
Adel waren, so hatten insbesondere die Hohen=
stauffen, die aus jener Felonie der Großen
aufstrebende Fürstenherrschaft in Deutschland
bekämpft, und gerade dieser Hohenstauffen
ächte Wiege zerstörten die Bauern, indem sie
eben gegen jene Fürstenherrschaft sich em=
pörten. Das einzige, was verschont ge=
blieben, ist eine kleine uralte Kirche am Ab=
hange des Berges. In derselben sieht man
eine Thüre, die nach der ehemaligen Burg
führt, und durch welche Friedrich Barbarossa
täglich zur Messe zu gehn pflegte. Seit er
nicht mehr durchgegangen, hat man diese
Thüre vermauert, und noch stehn die ein=
fachen Worte darüber geschrieben: hic trans-
ibat Caesar. Dieß ist alles, und doch denkt
man hier mehr, als in mancher stolzen, mit
alter Herrlichkeit prunkenden Fürstenhalle.
So kahl der Berg ist, ich habe viele Stunden
droben verweilt, gedankenvoll und doch zu
kurz für die Erinnerung, deren unermeßliches
Pan=

orama hier Bild an Bild drängt. Oder wer
sähe nicht über den dunkten Waldzügen dort
und über dem Silberstreife der Alpen, in tie=
fem Abendroth Italien heraustauchen, Päp=
ste, Reichstage, Schlachten, Belagerungen
in unabsehlich glänzendem Gewimmel, und
dann Neapel, wo Konradin von Schwaben
und mit ihm die echte Krone des deutschen
Kaisers in einen Abgrund sank, in dem sie
nun schon sechs Jahrhunderte begraben liegt;
Sicilien, das romantische Jugendland des
zweiten Friedrichs, und im fernen Asien der
Fluß, in dessen Wellen der greise Barbarossa
starb? Alle diese Bilder und hundert andere
malt die Phantasie im weiten Umkreise des
schlanken und edlen Berges, der wie ein in
Erz gegossener Bucephalus noch stolz verkün=
det, daß er den Alexander trug, und wie der
Torso, daß hier der Arm des Hercules ge=
sessen. Was bedarf dieser Berg noch des
kleinlichen Schmuckes rostiger Alterthümer?
Ich hörte, daß die Gewitter gern nach ihm

den Zug nähmen, und häufig Blitze in den
niedern, schon dem Boden gleichen Ueber=
rest des Gemäuers schlügen, und ich selbst
fand in diesem Gemäuer zwei Meteorsteine,
die man als Producte des Blitzes betrachtet
und Donnerkeile nennt, und die ich noch jetzt
aufbewahre. Sind das noch verspätete Bann=
strahlen der Päpste, oder liebt es der Alte
der Tage, auf diesem deutschen Sinai in
Flammen zu sprechen?

An den Hohenstauffen reiht sich das Thal
gegen Geißlingen entlang noch ein ganzes Ge=
folge von Berghäuptern, die mit mehr oder
weniger erhaltenen alten Burgruinen gekrönt
sind, und der rings im Grün der Wälder
lachenden Gegend ein sehr romantisches An=
sehen geben. Hier endet die schwäbische Alp;
nach Norden flacht sich die Gegend ab, nach
Osten verliert sich die Alp in eine Hochebne,
welche die Wasserscheide zwischen dem Neckar
und der Donau bildet.

Zu dieser Hochebne gelangt man durch den

Engpaß der Geißlinger Steig. Vor der Steig
im schmalen Thale liegt das kleine freundliche
Städtchen Geißlingen von sehr idyllischem An=
sehen; doch wird der Fremde darin durch zu=
dringliche Weibspersonen, die ihm mit unüber=
windlicher Geschwätzigkeit kleine, zierlich von
Bein verfertigte Waaren aufdrängen, nicht
gering belästigt. Auf der neugebauten Chaussee,
welche jetzt die sonst lebensgefährliche Steig
bequem hinauf führt, begegneten mir ganze
Schaaren österreichischen Fußvolks, das zur
Verstärkung der Festung Mainz bestimmt war.
Dieß rief mir theils das Ziel meiner Reise,
theils die gegenwärtige politische Lage Euro=
pa's ins Gedächtniß. In Bezug auf die letz=
tere konnte ich folgende Bemerkung nicht un=
terdrücken.

Mainz ist zwar ein höchst glücklicher stra=
tegischer Punkt. Diese Feste vermag eine an=
sehnliche Armee zu beherbergen, sitzt à cheval
auf dem Rhein, und kann sowohl den auf
das linke Rheinufer gegen Frankreich gezoge=

2 *

nen Operationslinien zur Basis dienen, als
auch, wenn die Franzosen von Straßburg aus
auf dem rechten Rheinufer vordringen, denselben eine Diversion im Rücken machen.
Allein es fällt dem ersten Blick auf, daß
Mainz und das nahe Landau die einzigen festen
Punkte auf deutscher Seite am ganzen Oberrheine sind, und daß sich diese Punkte ganz unten an der Gränze des Ober- und Nieder-
rheins befinden. Wenn nun diese äußersten
Gränzpunkte durch eine französische Nordarmee
hinlänglich beschäftigt würden, was könnte
dann ihre Südarmee hindern, von Hüningen
und Straßburg aus, die alte, durch keine Festung versperrte Operationslinie nach Ulm zu
ziehn? Sollten die deutschen Heere sich auf
eine Diversion der weit entlegenen Mainzer
Besatzung verlassen dürfen? Ist nicht vielmehr die längst vom Wiener Congresse decre-
tirte deutsche Bundesfestung am Oberrheine,
Straßburg und Hüningen gegenüber, ein
dringendes Erforderniß? Wird diese Festung

auch dann nicht entstehen, wenn das geschleifte
Hüningen wieder gebaut wird? Doch, was
fragen wir? Die Zeit wird vielleicht mehr
antworten, als wir fragen können.

Die Wasserscheide zwischen der Donau
und dem Neckar ist hier durch nichts, als durch
eine breite Hochebne bezeichnet. Jenseits
derselben gelangte ich des Abends nach Ulm:

Der Ulmer Dom, in welchen mich der
ehrwürdige Dichter, Stadtpfarrer Neuffer,
einzuführen die Güte hatte, ist leider äußerst
entstellt durch das kleine trichterförmige Thürm=
chen, das auf dem unvollendeten Thurm auf=
gesetzt ist, wie wenn es ein Licht hätte löschen
sollen. Eine desto größere Wirkung macht
das Innere des Doms durch seine imposante
Ausdehnung. Der innere Raum übertrifft
an Breite noch den Mailänder Dom, und
weicht nur der Peterskirche in Rom. Es
stehen über 5000 Kirchenstühle darin, und
doch ist auf allen Seiten noch weiter leerer
Raum übrig. Diese prachtvolle Halle würde

sich noch ungleich größer ausnehmen, wenn
sie nicht auf die zweckwidrigste Weise durch
eine Orgel und deren Substructionen beim
Eingange verbaut wäre. Man traut seinem
Auge kaum, wenn man solche grobe Beleidi=
gungen des architektonischen Verhältnisses
sieht, und man hört nicht auf, sich darüber
zu wundern und zu ärgern, so oft man auch
dergleichen überall wiederkehren sieht.

Die berühmten in Holz geschnitzten Köpfe,
womit die Chorsitze geziert sind, zeichnen sich
durch eine Schönheit der Form aus, deren ich
das Material kaum für fähig gehalten hätte.
Kräftig männliche Züge, besonders an alten
Köpfen, lassen sich noch leichter in Holz den=
ken; aber ein Holzkopf, ein Haubenstock mit
den lieblichsten weiblichen Zügen, war mir in
der That etwas Neues. Die Schönheit die=
ser braunen Gesichter scheint sogar die barba=
rische Zerstörungswuth in Schranken gehalten
zu haben, denn nur an sehr wenigen hat sich
der Vandalismus in Verstümmelung der Nasen

geübt. Die Ansicht vom Thurm herab bietet
nur eine ziemlich flache Gegend dar, die jedoch
mannichfach verziert ist durch Klöster und
Schlösser, ein Landschaftcharakter, der dem
Franken = und Bayerlande ganz eigen ist.

———————

Zweites Capitel.

Burgau. — Augsburg. — München. — Romantische Kunst. — Die Medusa. — Demoiselle Schechner.

———

Gegen Abend des zweiten Reisetages fuhr ich mit dem Eilwagen weiter. Die Nacht, eine der kürzesten des Jahrs, war angenehm warm und vom Monde freundlich erhellt. Die bayerischen Postillone fuhren sehr gut. Wir kamen um Mitternacht auf Burgau, das alterthümliche Erbe der österreichischen Markgrafen, welche die schöne Philippine Welser dem Kaiserhause geboren. Wie diese liebenswürdige Augsburgerin schon bei Lebzeiten von Kaiser Ferdinand freundlich als Schwiegertochter anerkannt wurde, so sieht man auch heute noch ihr Bild unter den kaiserlichen

Familienbildern in Wien als eine ihrer schön=
sten Zierden.

Die Sonne ging eben über Augsburg
auf, als wir in die Thore dieser alten Reichs=
stadt einfuhren. Ihre Lage in der grünen
Ebene ist freundlich. In den Gassen fällt
dem Fremden besonders das aus ganz kleinen
Kieselsteinen zierlich in Mosaik gesetzte Pflaster
auf, so wie die geschmacklose Malerei der
Häuser, die meistens wagrecht gestreift sind,
weiß und grün, weiß und roth, weiß und
gelb ꝛc. Wer in so früher Morgenstunde
hier Langeweile hat, und noch keine andere
Sehenswürdigkeit zugänglich findet, mag die
ungeheuern Kanonen ansehen, die vor dem
Arsenal liegen.

Wir fuhren bei drückender Sonnenhitze
weiter. Ein junger Berliner, der eben aus
den Niederlanden kam, beklagte sich sehr über
die Plackereien, die er von den holländischen
Behörden an der Gränze erduldet habe, und
lobte dagegen die Gefälligkeit der belgischen.

Die Gegend bis München ist einförmig.
Ich schlief ein, und erwachte nicht eher, als
in München selbst, das ich Anfangs für eine
Landstadt hielt, bis ich an einem Hause: Lin-
dauersche Buchhandlung las, und nun wußte,
wo ich war.

München liegt eben, wie Augsburg;
die Umgebungen sind kahl, die Aussicht auf
die Gebirge dagegen ist reizend. Die Stadt
selbst ist ziemlich geräumig und lichtvoll gebaut, mit überall breiten Zwischenräumen,
was ich um so mehr immer für eine große
Annehmlichkeit gehalten habe, als die meisten
deutschen Städte gerade im Gegentheil den
unangenehmen Eindruck der Enge und Dunkel-
heit machen. Die großen Häuser in München
haben mir übrigens im Durchschnitte besser
gefallen, als die kleinen Paläste.

Mehrere der berühmten neuesten Bauten
kamen mir in bedeutendem Grade geschmacklos vor, namentlich die neue protestantische
Kirche, die weder antik noch gothisch, noch

keines von beiden, sondern unglücklicher Weise
beides zugleich nicht ist, sondern sogar nur
scheinen soll; solche Romantiken sind in der
Poesie wie in der Plastik und Baukunst alle
mal unausstehlich, und das ist nicht der
kleinste Umstand, weßhalb ich der Goethe'schen
Schule so aufsätzig immer gewesen bin, bin
und bleiben werde, so lange mir Gott meine
fünf Sinne erhält. Wie groß und schädlich der
Einfluß Goethe's auch auf die bildenden Künste
der neuern Zeit gewesen ist, sieht man sehr
häufig, obgleich es noch weit weniger aner=
kannt ist, als sein Einfluß auf die Literatur.
Ich kann diesen modernen Geschmack aller Ge=
schmäcke mit nichts Besserem vergleichen, als
mit einem Ragout, in welchem die verwöhnte
Zunge gern alle Wohlgeschmäcke der Welt zu=
gleich genießen möchte. Die Wahrheit ist
aber, daß sich Zeiträume nicht so durch ein=
ander werfen lassen, wie Speisen. Man
kann — trotz Goethe — man kann nicht an=
tik und romantisch, nicht östlich und westlich

zugleich seyn, so wenig als man zugleich ka-
tholisch und protestantisch, servil und liberal
seyn kann, obgleich die Schüler jener großen
Schule sich all jener Vermittlungskünste ver-
messen haben.

Die Natur hat alles in starker Eigenthümlichkeit ausgeprägt, und alle Zwitter und
Chimären sind in ihr nur mißgeborne Aus-
nahmen. Diesem Naturgesetz kann sich auch
die Kunst nicht entziehn.

Es ist wahr, daß der Mensch vielseitig,
ja allseitig ist, und daß der Gebildete sich zu
gleicher Zeit für die verschiedensten Dinge in-
teressire, daß er den Geschmack aller Zeiten
in sich vereinigen kann. Es ist wahr, daß
er zugleich die Kunst und Poesie der Indier,
der Griechen, des Mittelalters, der Muha-
medaner und aller andern Völker lieben kann;
allein was Anderes kann er an ihnen lieben,
als eben ihre Eigenthümlichkeit? Wie in der
Hervorbringung der reichsten Mannichfaltigkeit
die Schöpferkraft des Weltgeistes sich bewährt,

so bewährt sich der gebildete Menschengeist in
der Auffassung und Würdigung dieser Mannich=
faltigkeit. Denn nur die Einseitigkeit ist die
Barbarei. Allein eben deßhalb ist auch eine
Verwischung der scharfen Eigenthümlichkeiten,
ein Amalgamiren der heterogensten Elemente,
ein Nivelliren und Planiren und Unifor=
miren der verschiedensten Zeiten in die mo=
derne Zeit ein Rückfall in die Barbarei,
indem die vielen Seiten der Welt wieder zu
einer abgeplattet, alle bunten Farben in das
schmutzige Braun gemischt, die edlen Metalle
alter Götter und Heldenbilder in ein neues
korinthisches Erz zusammengeschmolzen werden
sollen.

Dieses ästhetische Juste milieu ist dem
politischen vorhergegangen, und verräth die=
selbe Charakterlosigkeit und Schwäche. Die
Monarchie in ihrem vollen Glanze, geweiht
durch einen Strahl von oben, in patriarcha=
lischer Heiligkeit, oder des Kriegsgottes blitz=
schleudernder Thron in schrecklicher Majestät,

oder umringt von aller Herrlichkeit der Natur und Kunst ein Feengarten in der Völkerwüste, — diese Monarchie wird, wenn untergegangen in der Wirklichkeit, doch immer in der Tradition ihren mährchenhaften Reiz behalten. Die Republik ihrerseits, die Mutter der Helden und Weisen, die Mutter der größten Thaten und der größten Lehren, aufwühlend der Menschheit tiefsten Grund, und den Geist hinanführend im Titanenkampfe zu himmelstürmender Höhe, die ewig verschmähte, ewig wieder gerufene Sibylle, die zukunftvolle Prophetin — die Republik lebt in den Ideen der Völker ebenfalls, als das ewige Mährchen der Zukunft, mit tausend Reizen geschmückt, fort und fort. Das Juste milieu aber, das den Glauben an beide, an Monarchie und Republik verloren hat, das zu keinem Muth und Kraft hat, das beide versöhnen will und beide verräth, ist eine Monstrosität, so gut wie die novantike Kunst, die gleichzeitig und natürlicher Weise aus der nämlichen Ursache

aufgekommen ist. Der Streit der Roman=
tiker und Classiker steht in genauem Zusammen=
hang mit dem Streite der Monarchie und Re=
publik, und so auch ihre beiderseitigen Ver=
mittlungsversuche. Solche Versuche sind
früher schon gemacht worden, sind allemal ge=
macht worden, wenn zwei Zeiten mit einan=
der zusammenstießen; allein es ist allgemein
anerkannt, daß die ächtgriechische und ächtrö=
mische Kunst und Literatur, so wie später
die ächtdeutsche Baukunst und Poesie in ihrer
Eigenthümlichkeit einen unendlich höhern
Werth bewahren, als die barbarischen Werke
der mittlern Zeit, in welchen die Germanen
den besten Theil ihrer Nationalität auf=
opferten, ohne sich den bessern Theil der
römischen aneignen zu können. Alle solche
Vermischungen haben immer nur dahin ge=
führt, die Scheidung desto stärker zu be=
zeichnen; und so wird auch ohne Zweifel
die Vermengung aller möglichen Geschmäcke
und Manieren in unserer Zeit dahin führen,

künftig jede Eigenthümlichkeit desto reiner herzustellen.

Wie weit diese Mengerei der Goethe'schen Schule geht, davon gibt ein jüngst erschienenes Gedicht eines jungen Leipziger Dichters, Ortlepp, den auffallendsten Beweis. Dieser wünscht nämlich eine „Seelenvereinigung" Goethe's, Schillers, Herders, Jean Pauls ꝛc., und bedauert, daß diese vielen Leute nicht zusammen Einen ausmachen. Guter Gott, was würde dabei herauskommen?

Ganz absolut ist die Vermischung verschiedener Manieren und wenigstens bedingungsweise ist die Nachahmung zu verwerfen.

Daß man das Gute nachahmen soll, ist sogar ein Gesetz. Allein sofern die Kunst immer mit der Zeit, in der sie geübt wird, zusammenhängt und auf sie wirken will, scheint es nicht passend, daß sich die Kunst der Gegenwart entfremdet, in die Illusion längst entschwundener Zeiten versetzt, und nur mit

der

der Nachbildung von Gegenständen sich be=
schäftigt, welche für jene alte Zeit, nicht mehr
aber für die unsere, Bedeutung hat. So
scheint mir unsere moderne Malerei viel zu
sehr in der Erinnerung der alten befangen.
Bizanz und Rom, die Wiegen der mittelal=
terlichen Malerei, boten den Künstlern theils
Denkmale der alten Mythologie, theils christ=
liche Wunder und Heilige dar, und diese Ge=
genstände wurden ihnen typisch. In unserm
Norden existiren keine Antiken, außer in spät
gesammelten Kunstcabinetten, und mit den
Wundern und Heiligen ist es ebenfalls längst
am Ende. Wie kommen nun unsere Maler
dazu, immer noch jenen Alten nachzuahmen?
Das Mittelalter hatte ferner seine eigene Ma=
nier, etwas Kindliches, Naives, das beson=
ders in der altdeutschen Schule hervortritt,
aber diese Naivetät ist längst aus dem Leben
verschwunden. Wie kommen nun unsere
Maler dazu, sie immer noch nachzuahmen?
Man sagt man freilich, wir haben keine schöne

Wirklichkeit; unser Leben, unsere Sitten sind prosaisch, unsere Tracht ist geschmacklos, der Maler muß sich in die Vorzeit zurückver= setzen. Allein dieß scheint mir nicht hinzu= reichen, um die antike oder mittelalterliche Manierirung zu rechtfertigen. Die Natur bleibt sich immer gleich, und das Ideal bleibt sich immer gleich. Gingen die Künstler nur immer darauf aus, das Schöne, abgesehen von allen seinen temporären und localen Attri= buten zu bilden, so würden sie nie um Stoff verlegen seyn. Leider aber gehen die Künstler meist nur auf jene zufälligen Attribute aus, und nicht auf die absolute Schönheit. Be= fangen in der Schulmanier, versäumen sie das Studium der Natur und die Pflege des im Innern gebornen Ideals. Allein es ist vielleicht nicht möglich, die schöne Kunst an der Natur oder dem Ideal allein zu bilden. Die Geschichte der Kunst beweist wenigstens, daß immer zugleich historische Bedingungen erfordert wurden, sie in Flor zu bringen.

Immer nur war ein schönes Leben die Mut=
ter der schönen Kunst, und wenn das Leben,
die Sitten, Trachten und andere Aeußerlich=
keiten keinen Sinn für das Schöne verrie=
then, entfloh er auch aus der Kunst. Wir
werden also auch wahrscheinlich warten müs=
sen, bis unser Volksleben sich etwas ästheti=
scher gestaltet, bevor von einem neuen Flor
der bildenden Künste die Rede seyn kann.
Vielleicht sind wir schon auf dem Wege dahin.
Während die Kunst=Aristokratie an den Erin=
nerungen der alten Glanzzeit festhält, ohne
sie verjüngen zu können, hat die Kunst=Demo=
kratie, namentlich mit Hülfe des Stein=
druckes, in ihren zahllosen Genregemälden
eine neue Bilderwelt zu schaffen angefangen,
die sich wohl mit der Zeit veredeln dürfte.
Diese Lithographien verhalten sich zu den Oel=
gemälden wie die Journale zu den classischen
Literaturwerken. Die Kunst wie die Wissen=
schaft zerblättert sich, aber diese Auflösung
geht wahrscheinlich nur einer neuen Schöpfung

3 *

vorher. In jedem Falle werden künftig große
Maler mehr wirken durch Veredlung der mo=
dernen Genremalerei, als durch kümmerliche
Nachahmung der alten Schulen.

Schlimmer noch als die Nachahmung an
sich ist die Vermischung der Manieren. Ins=
besondere in München sind mir Bilder auf=
gestoßen, auf welchen zu gleicher Zeit die Ma=
nier des Michel Angelo und die des Lukas
Cranach auf die unangenehmste Weise gepaart
erscheinen, nämlich Prophetenköpfe voll Trotz,
Leidenschaft, Bewegung, und dabei milde ge=
senkte Mädchenköpfe, von Marcipan, ohne Geist
und ohne Knochen. Das antike Element in Mi=
chel Angelo, das Athletische, die Kraft, Mus=
culatur und Anstrengung der Figuren, der Tief=
sinn und Zorn der Gesichter paßt ganz und
gar nicht zu dem altdeutschen Element des
Milden, Weichen, Naiven in den Cranach=
schen Engelchen. Man sieht, daß die Künst=
ler, weche beide Elemente verbinden, damit
einen schönen Contrast der Kraft und Anmuth,

des Männlichen und Weiblichen ausdrücken
wollen; allein eben diese Absicht führt zur
Uebertreibung. Daher wird auch, was bei
dem großartigen Meister Cornelius nur noch
Kraft ist, bei vielen seiner Schüler sofort
Krampf, und was bei ihm Milde ist, bei jenen Süßlichkeit. Indem so die beiden Extreme des Schreckens und des Reizes dargestellt werden, fehlt die Mitte, die eigentliche
Schönheit, und was jene beiden Extreme
verbindet, ist nur die Prätension, das Affectirte, die Unnatur. Man hat es oft den
neuen französischen Malern vorgeworfen, daß
sie in ihre Figuren zu viel Theatralisches, zu
viel Prätension legen; aber darf man der
neu-altdeutschen Schule nicht denselben Vorwurf machen? Ist die gräßliche, unnatürliche und unmögliche Schlachtstellung so manches altbayerschen Kriegsknechts in den Münchner Arkaden, ist das dem alten Hagen von
Cornelius entlehnte tiefsinnige Stirnrunzeln
an gemeinen Kriegsknechten nicht Prätension?

Da iſt mir doch wahrlich der natürliche Aus=
druck der Geſichter und Stellungen auf den Li=
thographien der Pariſer Julirevolution lieber.

Und noch lieber ſind mir die Portraits der
ſchönen Münchnerinnen. Wenn die Künſt=
ler in ihren Erfindungen und Nachahmungen
immer nur das Entſetzliche oder Niedliche,
das Große oder Kleine, Harte oder Weiche
ſuchen, und nicht das Schöne, ſo ſcheint die
Natur ſelbſt ſie corrigiren zu wollen.

Nichts Lieblicheres als die Mädchenge=
ſichter, welche der König von Bayern aus
den ſchönſten Landeskindern ausgewählt, und
zu portraitiren befohlen hat. Die Münch=
nerinnen mit ihrer ſchönen Wirklichkeit be=
ſchämen die bleichſüchtige Phantaſie der Ma=
ler, und ſo ein rundes, friſches, ſchwarz=
äugiges Kind unter dem ſilbernen Riegel=
häubchen iſt mir lieber, als alle die pruden
Madonnen und ſtereotyp lächelnden Gold=
engel der neu=altdeutſchen Malerei. Wie reich
iſt die Natur an Schönheiten! Welche Weiber

ſteht man in der Welt? Und die Kunſt darf
es immer noch wagen, uns die Schönheit
über den Leiſten zu ſchlagen?

Unter den zahlreichen Kunſtſchätzen München's hat mich die Glyptothek mit ihren koſt-
baren und trefflich geordneten Sammlungen
von Antiken am meiſten angezogen. Da dieſe
Sachen aber alle ſchon hundertmal beſprochen
ſind, will ich nicht ein neues Reden davon
machen. Nur über die Meduſa kann ich
nicht umhin, meinen Empfindungen Luft zu
machen. Dieß iſt einmal ein ſchönes Geſicht. Hier ſeht her, wenn ihr Schönheit
ſucht! Was hilft mir alle Natur und alle
Kunſt, wenn ich kein ſchönes Geſicht darin
finde. Eine ganze Bildergalerie ohne ein
ſchönes Geſicht iſt mir weniger werth, als
eine Bauernhochzeit mit einem einzigen ſchönen
Geſichte. Welch' weites Gebiet dem Kunſtſinne
offen ſteht; zuletzt fühlt er doch immer ſich
gebannt in den Zauberkreis jenes wunder-
baren Ovals, das die Welt im kleinſten Raume

ift, und mehr noch als die Welt, weil auch
eine zweite innere Welt daraus hervorblickt.
Des Menschen Angeficht ift die Sonne der
äfthetischen Natur, die Hoftie im Allerheilig=
ften des Kunfttempels. In diesem Oval liegt
aller Schönheit Anfang und Ende. — Die
Medufa nun gehört zu den schönften Ge=
fichtern, die meinem Auge je begegnet find.
Zunächft fällt der Reichthum dieses Geficht
auf. Man zieht ihm gleichfam mit jedem
Blicke eine Maske ab, und es kommt ein
neues Geficht zum Vorschein. Es erscheint
in jungfräulicher, faft kindlicher Anmuth
lächelnd — dann voll unendlicher Wehmuth
des tiefften Seelenleidens — dann fteinern,
ftarr, eiskalt wie der Tod — endlich hämisch,
lauernd, blutgierig wie eine Valkyre. Und
das alles ift beisammen in einem Gefichte,
Himmel und Hölle, Unschuld und Satan.

Da wir doch einmal ins Capitel des
Schönen hinein gerathen find, darf ich De=
moifelle S ch e ch n e r nicht vergessen. Ich hatte

zwar dießmal nur das Vergnügen, sie zu
sehen und zu sprechen, und nicht sie auch
singen zu hören; allein ich habe sie früher
gehört, zu einer Zeit gehört, wo ich gerade
über verschiedene deutsche Erbärmlichkeiten
mehr als gewöhnlich zornig war, und damals, als ich zum erstenmal die ernste heilige
Glockenstimme der stolzen Jungfrau vernahm,
frug ich: „Was will die Glocke unter den
Schellen, die Heilige unter den Putzmache-
rinnen? Wird nicht alles, der Componist,
die Mitsänger, das Orchester und endlich
das Publicum selbst sich abmühen, sie kleiner,
gemeiner und niedlicher zu machen, die tief-
tönende Nachtigall zwitschern zu lehren! O
Mädchen, deine Stimme ist ein Charakter,
aber Deutschland kann keinen Charakter ertragen. Ich möchte sagen, deine Stimme
ist der einzige Held in Deutschland, aber
Deutschland ist auch dieses Helden nicht
werth." So sagte ich — damals. Jetzt
sind die Zeiten besser geworden.

Drittes Capitel.

Deutsche Universitäten. — Naturphilosophie. — Görres. — Oken.

Ich besuchte unter den Gelehrten Münchens
mehrere meiner ältern Freunde, und machte
einige neue Bekanntschaften. Im Ganzen
herrscht leider auch hier, wie in allen andern
gelehrten Städten Deutschlands (vielleicht
Freiburg im Breisgau ausgenommen), wenig
Einigkeit. Man findet eine Menge kleiner
Cötterien, die sich wechselseitig vermeiden, wo
nicht anfeinden. Diese allgemeine Erscheinung
erklärt sich nur zum Theil aus der Verschiedenheit der Doctrinen und Charaktere, aus
dem schroffen Contrasten origineller Geister;
in unserer Zeit hat sie auch einen politischen

Grund. Wenn auch nicht in München, doch
anderwärts entstehen die meisten Eifersüchte-
leien unter den Gelehrten, aus der halbofficiellen Stellung einiger von den Regierungen
besonders betitelter und bevorzugter Universi-
tätslehrer. Die natürliche, zweckmäßige und
sogar historische Gleichheit in der akademischen
Republik ist aufgehoben, und durch die Aristokratie der Hofräthe, Geheimen Hofräthe,
Geheimen Räthe rc. verdrängt worden. Diese
Aristokratie ist aber nicht überall eine bloß
nominelle (wie etwa in Heidelberg und Freiburg), sondern eine sehr reelle da, wo ein
Gelehrter, wie der Kanzler in Tübingen,
über seine Collegen eine gesetzliche Gewalt,
oder wo er, wie der selige Hegel in Berlin,
einen vielleicht noch gewaltigern, halbofficiellen
Einfluß ausübt. In allen solchen Fällen legt
bei rein wissenschaftlichen Rivalitäten der politisch Bevorzugte seinen Titel, sein Amt, sein
rein politisches Privilegium in die Wagschale,
und dieß muß den Streit natürlich tödtlich

vergiften. Man sagt sprüchwörtlich: Der
Bauer sey der schlimmste Herr, wenn er
einmal Herr werde. Allein der Gelehrte ist
ein noch viel schlimmerer Herr. Er ver-
wechselt alle Augenblicke seine Stellung als Gelehrter unter seines Gleichen, und seine Stellung als Vorgesetzter oder Bevorzugter gegen
Untergeordnete, und er pflegt gern eine ihm
widersprechende wissenschaftliche Ansicht als
ein Vergehen gegen seine Amtswürde zu
rächen. Er kränkt wissenschaftlich überlegene
Rivalen durch Geltendmachung seiner politischen Ueberlegenheit. Er begünstigt untergeordnete Geister, wenn sie nur seine politischen Creaturen sind.

Soll ich Beispiele anführen? Sie sind
überflüssig. Wer je in einer Universitäts-
stadt gelebt hat, kennt deren zur Genüge.

Ueber viele andere noch weit wichtigere
Zeitfragen ist jetzt die der Universität in den
Hintergrund getreten, und wird auch wahr-
scheinlich erst mit den andern beantwortet

werden, wenn Reformen im Großen und
Ganzen eintreten. Man hat mit Recht be=
hauptet, die deutschen Universitäten seyen
Ruinen des Mittelalters, und gehörten mit
ihren Privilegien in die Kategorie aller an=
dern alten Privilegien. Allein der gute
Geist widerstrebt dem Gedanken, den Uni=
versitäten vollends den letzten, längst ge=
schmälerten Rest von Unabhängigkeit zu neh=
men, und sie gänzlich als eine bloße Staats=
dienerfabrik in die Hierarchie des Staats=
dienstes einzureihen. Ich glaube, der Wi=
derspruch kann sehr einfach gelöst werden.
Die akademische Freiheit ist nach oben nur
dem geisttödtendem Despotismus, nach unten
nur dem düpirten Philisterium verhaßt.
Bei einer freien Verfassung aber, und einem
großartigen öffentlichen Leben, kann die Re=
gierung einerseits nur die größtmögliche Frei=
heit der Geister in den humanen Studien,
in den freien Künsten und Wissenschaften
wünschen, und das Volk andrerseits wird,

wenn es sich in seiner bürgerlichen Freiheit
fühlt und ehrt, dem bisher privilegirten
Muthwillen der Studenten schon Schranken
setzen, oder diese werden von selbst im Bür=
ger nicht mehr den Philister sehen, der er
lange genug wirklich gewesen ist.

Ich halte die Idee der deutschen Univer=
sitäten und ihren republicanischen Typus für
so ganz entsprechend dem wissenschaftlichen In=
teresse, für so ganz entsprechend dem deutschen
Nationalcharakter, daß ich nicht zweifle, sie
wird alle Stürme der Zeit überdauern. Oder
sollte ein freies Volk nicht einst sagen, was
König Gustav Adolph sagte, als er eine Uni=
versität besuchte: „In diesen Mauern kann
man nie zu frei seyn.‟

Auf der Münchner Universität ist die große
Menge der Naturphilosophen auffallend,
aber noch auffallender ihre Uneinigkeit. Da
ihrer so viele hier beisammen sind, ihr großes
Haupt, Schelling selbst, dann ihre kräftig=
sten Arme, Oken, Görres, ferner Schubert,

Ast und Franz Baader, dessen zwar unabhängige Mystik doch der Naturphilosophie
nahe verwandt ist, so sollte man glauben,
diese Männer müßten zusammenstehen, und
durch Concentration ihrer Lichter einen großen Schein von sich geben. Dieß ist aber
nicht der Fall. Sie leben isolirt, zum Theil
in Fehde.

Da man mich auch häufig unter die Schüler und Anhänger der Naturphilosophie ge-
rechnet hat, sey es mir erlaubt, mich über
diesen Punkt auszusprechen.

Die Naturphilosophie hat hohen und blei-
benden Werth an sich, sofern sie die Con-
struction und Architektonik der Naturerfah-
rung ist; sofern sie den Zusammenhang und
die Gesetzmäßigkeit im ganzen Umfange der
Naturerscheinungen nachweist, nach Gesetzen
nachweist, die in diesen Erscheinungen selbst
liegen und unumstößlich sind. Die naturphi-
losophische Lehre, daß die Synthesis aller
Thiergattungen gleich ist der Analyse des Ur-

thiers, wird durch die Erfahrung so noth=
wendig bestätigt, als sie eben die einzig mög=
liche und nothwendige Erklärung dieser Er=
fahrung ist; denn in der That ist jede Thier=
gattung von der andern nur dadurch unter=
schieden, daß in ihr ein thierisches Organ
noch nicht oder schon, noch unvollkommen
oder schon vollkommen entwickelt ist, und so
viele Stufen der organischen Ausbildung, so
viele Thiergattungen gibt es. Diesem zoolo=
gischen Gesetze entspricht ein botanisches, ein
mineralogisches; und je weiter die Naturer=
fahrung fortschreitet, je genauer wird man
dasselbe Gesetz auch in der Physik, Meteoro=
logie, Astronomie und Physio=Psychologie
wiederkehren sehen.

Die Naturphilosophie hat sich aber fer=
ner ein großes Verdienst erworben, indem sie
äußerlich der inhaltlosen Geistesphilosophie
entgegen getreten ist, die, von aller Erfah=
rung abstrahirend, sich nur noch in hohlen Be=
griffen bewegte. Sie hat den sinnenden Geist
zur

zur Naturbetrachtung zurückgeführt, und an
die hölzernen Begriffe Blumen und volle
Trauben und Fruchtgehänge gerankt. Sie
hat der Einbildungskraft und Sinnlichkeit
ihr Recht wieder gegeben, und im Symbol
neue Beziehungen des Geistes entdeckt, die
der trockene Begriff allein nicht entdecken ließ.
Indem sie aber zugleich in die ältere
Naturphilosophie des Mittelalters und des
Orientes zurückführt, leitet sie den sinnen=
den Geist in das dunkle Gebiet, was man
gewöhnlich das mystische nennt, und zurück
in das tief verschattete Heimathgebirg, von
wannen des Lebens Strom aus geheimniß=
voller Quelle herabgeflossen. Eine höhere
Aufgabe ist der Mystik gestellt, als der Natur=
philosophie, aber da, wo diese auf der Gränze
des Natürlichen, Sinnlichen, Faßlichen auf=
hört, mußte diese beginnen.

Ich bekenne mich nun zur Naturphiloso=
phie nur in Absicht auf die Natur, und sofern
sie innerhalb der ihr angewiesenen materiellen

Gränze bleibt, nicht aber zu dem ausschließlichen Materialismus, in den einige Naturphilosophen verfallen sind, sofern sie außer
der Natur nichts weiter gelten lassen wollten.
Dagegen zähle ich mich unverhohlen zu den
Mystikern, sofern ich im letzten Grunde aller
Dinge ein Mysterium, ein heiliges Geheimniß finde, und unter allen philosophischen Me-
thoden diejenige vorziehe, die mich jenem
Geheimniß am nächsten bringt, und die, indem sie zugleich am kühnsten und tiefsten in
die wichtigsten Fragen eindringt, zugleich im
weitesten Umfange alles, was der Frage würdig ist, in die Betrachtung zieht. Dieß haben von jeher die Mystiker gethan, während
die sich besser dünkenden Schulphilosophen die
wichtigsten Fragen nur vornehm ignorirt, und
sich mit einer Oberflächlichkeit und Einseitigkeit kleiner Systeme begnügt haben, die zu
der Tiefe und dem ungeheuren Reichthume der
Welt in einem auffallenden Contraste steht.

Auch die Mystik ist ausgeartet, indem sie,

den besonnenen Geist verläugnend, theils der Einbildungskraft in Bildern, theils dem Gefühle in Schwärmereien zu viel Raum gegeben hat. Allein abgesehen von dem alten mystischen, kabbalistischen, so wie von dem neuen pietistischen Unwesen, bleibt es dennoch wahr, daß die Erkenntniß der göttlichen und mystischen Dinge nicht in einer Abstraction von Einbildungskraft und Gefühl, vielmehr nur in einer innigen Vereinigung und Durchdringung derselben mit dem denkenden Geiste gesucht werden muß, und daß die magische Phantasie und das gotttrunkene Gefühl der Mystiker ihrem Geist eine Kraft der Durchdringung und Firirung mitgetheilt haben, die der nackten Verstandesspeculation stets gefehlt hat. Daher ist keine Schulphilosophie je so tief in die letzten Räthsel des Weltalls, in das Wesen Gottes, in den Ursprung des Bösen, in das Verhältniß zwischen Geist und Materie rc. eingedrungen, als die Mystik, und selbst nur von außen und

4 *

ästhetisch angesehen, ist keine einzige Schul=
philosophie in so kunstreicher Architektonik
construirt, wie mehr als ein mystisches Sy=
stem. Die Schulphilosophen verstehen in
dieser Hinsicht nur die ebne Geometrie; ste=
reometrische Combinationen findet man nur
bei den Mystikern.

Viel mit diesen Dingen beschäftigt, werde
ich später in ruhigeren Zeiten einmal meine
Studien darüber mittheilen. Einstweilen mö=
gen meine anderweitigen Schriften meinen
Freunden und Feinden Bürge seyn, daß,
wenn ich die Mystik vertheidige, ich darunter
nichts verstehe, was irgend mit der gesunden
Vernunft und mit einem heitern, praktischen
Lebenssinn im Widerspruche steht, denn jeder
meiner Leser weiß, daß ich immerdar den Il=
lusionen die Wirklichkeit, der falschen Kunst die
wahre Natur, dem Erstorbenen das warme
frische Leben entgegengesetzt habe, und ich
gestehe, daß ich eben nur, um auch noch über
das Leben hinaus mich des Lebens zu ver=

sichern, einer mystischen Ansicht von den
göttlichen Dingen, als der lebendigsten,
huldige.

Ich besuchte Görres, den ich seit 1821,
in welchem Jahre ich mit ihm in der Schweiz
an demselben Orte (Aarau) lebte, nicht mehr
gesehen hatte. Ich fand ihn physisch geal=
tert, aber geistig eher noch lebhafter und ju=
gendlicher, wie früher. Man kann weit un=
ter den deutschen Gelehrten umherreisen, bis
man einen so schönen männlichen Kopf sieht,
an dem jeder Zug Geist und Kraft und Adel
ist. Dennoch haben wir noch kein Porträt
von diesem feurigen Johannes, dem zürnen=
den Prediger der Wüste, während alle Kunst=
händlerbuben von alltäglichen Professorenge=
sichtern wimmeln. Mit inniger Rührung
habe ich mir die Züge des tiefgekränkten Man=
nes eingeprägt, an dem Undank zu begehen
Deutschland mit sich selbst gewetteifert hat.
Mein erstes Wort beim Wiedersehen war:
Nun, Ihre Prophezeiungen sind schon zur

Hälfte erfüllt. „Wartet nur," rief er, „wann
erst die andere Hälfte sich erfüllen wird!" Und
sie wird sich erfüllen. Nicht darum ist Görres
groß und lebt in der Geschichte des Vaterlan=
des unsterblich fort, weil er im allgemeinen
Kampfe kühn die Fahne vorgetragen, wie meh=
rere Andere, sondern darum, weil er, er
allein, kühn genug war, den die Beute thei=
lenden Siegern gegenüber zu treten, und sie
zu mahnen an den König der Könige, der
nicht duldet noch dauern läßt, was nicht ge=
recht ist. Er, Görres allein, war es, oder
das Recht gewahrt in jener Zeit und des Un=
rechts schwere Verhängnisse voraus verkündet,
so in allen Theilen umsichtig, voraussichtig,
klar und unfehlbar, daß es sich nun alles so
erfüllt hat, und daß nur der bösliche Sinn der
Einen, die verstockte Thorheit der Andern in
jener Zeit sich über des Sehers Befugniß zu
reden täuschen konnte.

Schon unterm 8 December schrieb Görres
im Rheinischen Merkur: „Der Congreß

bewölkt sich je mehr und mehr; die lichte Klar=
heit, womit er angefangen, hat sich umzo=
gen; in schnellem Wechsel springen die Winde
um, und haben den ganzen Umkreis schon zu
wiederholtenmalen durchlaufen; einzelne Blitze
zucken von Zeit zu Zeit aus dem Dunkel; noch
liegen ruhig die Meere der Völker, aber ein
dumpfes Rauschen hallt über ihnen. Im
Hintergrunde sehen die erschreckten Völker wie=
der das wohlbekannte, furchtbare Schicksal,
seine Riesengestalt halb über den Gesichtskreis
heben, und die schwarzen Schleier in die
Lüfte schwingen, womit es seine Schlachtopfer
verhüllt, ehe es sie zum Untergange führt;
den dunkeln Nebel sehen sie wieder aus dem
Boden dampfen, der so oft schon, die in den
Rath der Weltklugheit gegangen sind, mit
unheilbarer Blindheit geschlagen hat, daß sie
zur Verwunderung der Zuschauer am hellen
lichten Tage in dunkeln Finsternissen gingen,
und tappend vom ebenen Wege an den Rand
des Abgrundes sich treiben ließen. Ist es

glaublich, fragt Deutschland, daß nach so kurzer Frist noch einmal ein Anfall des alten Wahnsinns wiederkehre, sind noch nicht die Schulden abgebüßt, und ist die zürnende Gerechtigkeit noch nicht versöhnt?"

Dann unterm 31 December heißt es weiter von jenem Congresse, der Europa's Zukunft für ein Jahrhundert bestimmen sollte: „Alles geschieht unoffen, und doch weiß man Alles; nichts wird gewagt, und in Allem gezagt, und doch fühlt man, daß alle Bedenklichkeiten bei früherem oder späterem Vortreten nicht retten mögen vor dem Gerichte der Volksmeinung. Die in dem Ausschusse Böses pflanzen, wissen selbst, daß es ungut und unehrlich ist, und sehen darum der Welt nicht ins Gesicht hinein. Ueberall Furcht, Halbheit und der eigene, unreine Willen im Hinterhalt. Ein vernichtendes Gefühl der Unhaltbarkeit des Werkes, das sie bauen, begleitet sie in all ihre Arbeiten hinein, und darum auch wird im Bau nichts Haltbares gefördert."

Unterm 20 Januar 1815 wird von der
deutschen Bundesverfassung vorausgesagt:
„Wer sichert uns gegen die regressiven Ten=
denzen, die Oesterreich von je an den Tag ge=
legt? Wie wird Leben und Regsamkeit in
diese Verfassung kommen können, wenn ihre
innersten Triebkräfte der Trägheit sich ergeben,
und von oben herab eine gemächliche Anhäng=
lichkeit ans Herkömmliche und Alte, und eine
breite Philisterei Alles hemmt und lähmt?“

Die ganze europäische Politik, wie sie da=
mals begann, und noch jetzt unter der Juli=
dynastie sich fortschleppt, ist unübertrefflich
charakterisirt unterm 3. Februar: „Ein Be=
weis, daß was man beginnen wollte gegen
die Geschichte, streitet, ist dieß ungesegnete
und unbewegliche Feststehen an einem Punkte,
trotz dem unaufhörlichen Gezerre der Parteien;
es ist ein Bann, den die Vorsehung jedesmal
verhängt, so oft die Menschen ihren Absichten
entgegen kämpfen. Sie sind alsdann wie
durch Zauberspruch gefesselt; sie machen alle

Bewegungen, als ob sie frei und ungebunden handelten, und doch kommen sie nicht vom Orte, wie sie sich auch mühen mögen; sie können nicht aus dem engen Kreise brechen, der um sie her gezogen worden; denn Gott hat ihre Leidenschaften gegen sich selbst bewaffnet, und im Antagonism Alles dermaßen abgewogen, daß sie sich einander fast verrennen, und kein Fortkommen ist, bis sie seinen Willen thun, und dem sträflichen Eigensinn entsagen. Dann ist der Ausgang leicht, und ohne Kampf und ohne Anstrengung zu erlangen; handelt ihr einstimmig mit den Weltgesetzen, dann wächst auch Alles wie von selber zu, und fügt sich unter euern Händen; alle Sterne sind euch günstig, während im Widerspruche die Steine des Feldes euch feindlich sind, und nichts fördert, noch gelingt. Ihr dürft die Magnetnadel nicht stellen, und nicht richten in den magnetischen Meridian; überlaßt sie nur sich selbst, und schnell wird sie vom großen Sterne der Anziehung ergriffen, und zum rechten Zwecke Hingelenkt, all eure Gewalt aber reicht nicht hin, in der kleinsten Nadel die Ordnung der Pole, und ihre Anziehung und Abstoßung umzukehren." Unterm 19 April: „Schon dröhnt und kracht das alte europäische Gebäude in allen einen Fugen; es heulen unterirdische Stürme in den Höhlen unter unsern Füßen; in leichten Zuckungen bebt schon die Erde und kündigt das Nahen der unterirdischen Gewalten an, und wir wollen nicht aus unsern alltäglichen Geleisen weichen; wir bleiben immer in unsern morschen wankenden Kanzleistuben, bis sie über unserm Haupte zusammenbrechen, und uns zerschmettern. Was würde Alles uns verschlagen, stünden wir in rechter Fassung fest auf unserer Erde, jedes an seiner Stelle, klar und licht die Gefahr überschauend, und unsere Mittel ihr entgegen ordnend; aber diese Verblendung, die uns überschattet seit so langen Jahren, sie ist das einzige Furcht= bare: denn wenn die Schicksalsmächte den

Untergang beschlossen, dann verhüllen sie das
Haupt ihres Opfers mit dunkelm Qualm,
damit er in der Finsterniß in sein Verderben
renne. Darum ihr Fürsten, laßt durch die
Stimme euter Völker euch beschwören, zer=
reißt endlich, wenn es noch möglich ist, die
Netze, die euch verstricken; seit dem Rieder
Vertrag und noch früher hin, ist's eine Kette
von Irrthümern, die, einer den andern er=
zeugend, eine ganze Geschlechtsfolge von Ge=
burten einer fruchtbaren Unglücksmutter euch
umschlungen und gebunden, und auf jedem
Schritte zum Guten hemmt, das ihr selbst
selbst so ernstlich zu fördern wünscht, und
sie endlich jenes entsetzliche Resultat herbei=
geführt, vor dem jetzt die Welt erschrickt.
Selten hat die Bosheit mitgewirkt, die man
ernstlich zürnend anklagen könnte, überall
eine unglückselige Täuschung, jene Mala, die
ein tiefsinnig östliches Volk in allen mensch=
lichen Dingen erkannt, wie sie den Sterb=
lichen den Sinn verwirrt, und sie in der

Irre treibt. Es ist nicht mehr die alte
Zeit des vergangenen Jahrhunderts, kleinlich
und feist im Herkommen sich bewegend;
mächtig schwingt der Geist die Flügel, und
der das unmuthige Roß zu bändigen nicht
versteht, wird herabgeworfen. Darum sollte
schwacher Rath nicht länger gegeben werden,
und gegebener nie gehört, das Gepränge
der Worte kann nichts mehr bedeuten, denn
es reicht nirgends aus; noch weniger mögen
herkömmliche Formen verhüllen, was gewalt=
sam durch sie alle bricht. Wie ein neues
Heer geschaffen worden, und ein neuer jugend=
licher, frischer Geist in den Kleindienst hin=
ein gefahren, und nun im Felde jene Wunder
hervorgebracht, die wir gesehen; so muß
auch im Cabinette in den Kamaschendienst der
Diplomatik endlich ein neues Leben kommen;
die Politik muß sich verjüngen, und der
Quell frischer Jugendkraft nicht länger in
die Wüste abgeleitet werden, daß er die
Höfe tränke, wie er das Volk getränkt, damit

beide nicht länger trennend sich auseinander
scheiden.‟

Unterm 28 August: „Der wird sich ver=
derben, der im Sturme dieser Tage von
feiger Trägheit sich bemeistern läßt, und keine
andern Ideen als die dummen Gedanken ab=
gestandener Politik und herkömmlicher Er=
bärmlichkeit denken mag, oder in den Holz=
schuhen des Schlendrians schwerfällig nach=
trampelt, wenn die großen historischen Ge=
stalten vorüberziehen. Es gilt kein Weigern
und kein Zaudern, alle müssen in den großen
Strom gang hinein, der die Geister ergriffen
hat; wer Richtung und Bahn zuerst erkennt,
der wird zuerst am Ziele seyn, und von dem
unbekannten Lande Besitz ergreifen; die aber
zuletzt kommen, werden nur das erlangen,
was die Wachsamkeit ihnen übrig gelassen.
Also soll keiner sagen, wie wir früher wohl
gehört, ja wir sind guten Willens sicherlich
gewesen, und haben das Gute ernstlichen
Sinns gewollt; wäre es nach uns gegangen,

Die Dinge hätten ein anderes Ansehen gewonnen, und die Nation wäre befriedigt
worden, aber die Andern haben argen Muth
getragen, sie haben unsere Vorsätze mit Eifer-
sucht und vorgefaßten Meinungen durchkreuzt,
und so sehr wir uns bemüht, haben wir zu
keinem gedeihlichen Ziele gelangen mögen.
Nein, wer ernstlich will, dem fügen sich die
Dinge gehorsamlich, wenn seine Willens-
meinung nicht mit höhern Rathschlüssen im
Widerspruche steht, und daß der Volkswille
jetzt Gotteswille sey, hat sich in dieser Zeit
wohl klar und unverkennbar ausgewiesen, indem Alles gelungen, was mit ihm überein-
stimmt, und Alles jämmerlich zu Schanden
worden, was ihm widerstrebt. Wollt das
erkennen, ihr, die ihr rathschlagt in den
schweren verhängnißvollen Zeiten, mehr um
des eigenen Heiles wegen, als um der Geschichte willen, denn, wie auch der Rath
ausfalle, es ergeht doch was Rechtens ist,
und Gottes Rathschluß wird nicht geändert,

wenn auch die Mittel zur Ausführung anders
werden, und durch Blut gewonnen wird,
was durch freie Selbstbestimmung leichter
erhalten werden könnte. Seht die Zeit, wie
sie mit dem feuerschnaubenden Gespann der
Donnerpferde tief in die Erde pflügt, daß
die ausgeworfenen Furchen wie die Bahn des
Schiffes in den Meereswellen in hellem Lichte
leuchten. Wollet nicht immer nachhinkend
in den wohlbereiteten Boden, tauben Samen
und Unkraut säen, damit nicht, ist die Zeit
der Ernte herangekommen, und der Herr
herabgefahren, um mit goldener Sichel den
gereiften Weizen zu schneiden, er nur Dorn
und Disteln finde, er in Zorn entbrenne,
und wieder zu Gericht gehe, wie er über
den vertriebenen Bösewicht gerichtet, dafür,
daß er Gift gesäet. Es siedet der Hafen auf
Feuersgluth; die ihn besprachen mit geheimen
Sprüchen, mögen sich hüten, daß sie das
rechte Wort erwählen, damit nicht ein fürcht=
bares Verhängniß aus der schäumenden Masse
steige,

ſteige, und die nächſten zuerſt erwürge.
Furchtbarlich ernſt ſind die Zeiten, niemand
ſoll mit ihnen zu ſpielen wagen; nur mit
Muth, Kraft, Ernſt und Gerechtigkeit laſſen
die Unwetter ſich beſchwören, die von vielen
Seiten über uns zuſammenziehen."

Endlich wird unterm 16 December vor=
ausgeſagt: „Das Baſilisken=Ei, das der
franzöſiſche Hof gelegt, und das die deutſche
Einfalt auszubrüten ſich bemüht, wird früh
genug ausgehen; und jene zarte Politik ſoll
nur keine Sorge tragen, ſofern ſie fortfährt,
wie ſie guten Anfang zu machen ſich willig
zeigt, das alte Schlaraffenleben in Deutſch=
land wieder einzuführen, wird das goldne
Jahrhundert nicht halb vergangen ſeyn, und
dieſe wiedergebornen Franzoſen, in deren Ge=
burtswerk ſie ſo erbarmend und zuthätig Heb=
ammendienſt geleiſtet, werden wieder dieß=
und jenſeits des Rheines brennen, und ſich
ſodann nach Wien auf die Reiſe begeben."

Was war der Dank für dieſe Warnungen

und Prophezeiungen, die in kurzer Frist sich
als so wahr bewährt? Der rheinische Mer=
kur wurde unterdrückt, und als Görres darauf
in der Schrift: „Deutschland und die Revo=
lution‟ dringender, und in alle Bedürfnisse
der Zeit tiefer und umständlicher sich einlas=
send, seine Meinung wiederholt, ward er ge=
zwungen, den vaterländischen Boden zu ver=
lassen, dessen Ehre er so warm vertheidigt,
dessen Zukunft er so hell vorausgesehen, dem
er so goldwerthen Rath ertheilt. Und wenn
man ihn speciell als Rheinländer betrachtet,
so war sicher kein Mensch mehr im Stande,
als er, des Volkes Liebling, die Ueberrheiner
an das gemeinsame deutsche Interesse zu fes=
seln, und in den Gauen der neuen Ubier wie=
der deutsche Gesinnung anzupflanzen. Doch
er mußte zu den Galliern flüchten, und fand
eine Freistätte nur bei Denen, zu deren Ver=
derben er geredet. —

Wenn Görres in jüngerer Zeit sich untreu
geworden ist, und den Liberalismus mit Ge=

häſſigkeit bekämpft hat, ſo weiß ich dieß frei=
lich auf keine Weiſe zu vertheidigen. Die
Bewegung der Zeit, der Görres ſich jetzt ent=
gegenſtellt, iſt nur hervorgegangen aus dem
Gefühle, daß der Zuſtand, der 1815 begrün=
det wurde, nicht dauern könne, und dieſes
Gefühl hat Niemand eher gefühlt und kräf=
tiger ausgeſprochen, als gerade Görres im
rheiniſchen Merkur.

Noch einen andern wackern Vaterlands=
freund, der nicht minder von der Zeiten Un=
bill gelitten, fand ich in München wieder,
meinen alten Jenenſer Lehrer Oken. Er iſt
ſich treu geblieben, unverrückt. Mit Stand=
haftigkeit hat er ſich der Fluth gemeiner Zu=
muthungen unter allen Umſtänden entgegen
geſtemmt, und des Lebens kümmerliches Loos
mit feſter Hand gezogen.

An dem Sonntag, den ich in München
zubrachte, hielt König Ludwig in voller Uni=
form zu Pferde eine große Parade, und zwar,
wie man mir ſagte, das erſtemal ſeit ſeiner

Thronbesteigung. In der Ständeversamm=
lung, die ich ebenfalls besuchte, wurde ge=
rade über die für öffentliche Prachtbauten ver=
wendeten Summen debattirt, welche die
Stände, als nicht verfassungsmäßig von ih=
nen bewilligt, auch nicht als aus der Staats=
casse, sondern nur als aus der Privatcasse
des Königs geflossen, anerkennen wollten.
Die Stimmung zwischen dem Hofe und den
Ständen war daher sehr gespannt. Das
Volk habe ich überall, ohne Ausnahme, mit
den Ständen einverstanden, und die Rede=
freiheit ungezügelt gefunden.

Viertes Capitel.

Wasserburg. — Traunstein. — Die österreichische Gränze. — Betrachtungen über
Deutschland.

———

In den Tadel der Münchner Witterung muß
ich vollkommen einstimmen. Ich war nur
vier Tage in München, aber an jedem wech-
selte glühende Sonnenhitze plötzlich mit Wind,
Regen und empfindlicher Kälte ab. So wie
ich die bayerischen Ebenen betrat, stellte sich
auch das Unwetter ein, und verschwand wieder, sobald ich sie verließ. In Schwaben,
dießseits, in Oesterreich jenseits fand ich wieder
das schönste Wetter und die der Jahrszeit
angemessene Temperatur.

Am 27 Junius fuhr ich mit dem Eilwagen von München nach Salzburg, weil

ich den schönen Gebirgsweg dem ebenen Wege
über Braunau vorzog. Ich kam an dem
Schlachtfelde von Hohenlinden vorbei, durch
einförmige, mit Aeckern und Tannenwald ab=
wechselnde Gegenden. Erst das reizende Inn=
thal unterbricht diese Einförmigkeit. Die
Stadt Wasserburg, auf einem kleinen
Vorgebirge, um welches der Inn rings her=
um läuft, liegt im höchsten Grade romantisch,
und erhält ein besonders originelles Ansehen
durch die flachen italienischen Dächer, eine
Bauart, die von hier bis nach Linz durch=
gängig vorherrscht, und sehr deutlich an die
ehemalige Anwesenheit der Römer in diesen
Gegenden erinnert. — Wenn man die Brücke
über den Inn passirt hat, geht der Weg sehr
steil bergan. Ich stieg einen nähern Fuß=
weg hinauf, und war nicht wenig erstaunt,
an diesem äußerst engen Pfade, auf dem
kaum zwei Menschen einander ausweichen
können, gleichwohl eine Warnungstafel zu
lesen, auf welcher geschrieben stund:

„Auf diesem Fußweg zu fahren oder zu
reiten, ist bei Strafe verboten.“

Weiterhin, zwischen Salzburg und Linz
findet man eine andere Tafel, auf welcher
steht:

„Bettelei ist bei 6 Reichsthalern Strafe
und unnachsichtlicher Verschiebung verboten.“

Man fährt noch eine Weile durch die
einförmige Hochebene, bis bei dem lieblichen
Traunstein ein weites Thal und die Aussicht auf die Gebirge sich öffnet. In dem
Posthause, dessen Besitzer ein ehemaliger
katholischer Geistlicher ist, empfing uns ein
schönes Mädchen, deren unschuldiger Ausdruck und zarte Jugendfrische die Nähe der
Hochgebirge verrieth. Nie sah ich ein
schöneres Erröthen, als auf den Wangen
dieses Kindes. Das Erröthen ist gewiß
eine Kunst, aber nur die Natur vermag sie
auszuüben.

Es wurde Abend, und die schönen Formen

der Salzburger Gebirge verloren sich in der
Dämmerung. Die Nacht blieb warm, und
die rasche Fahrt auf ebener Straße sehr ange=
nehm. Unzählige Glühwürmer schwärmten
auf dem Wege, und schienen die schnaubenden
Rosse zu necken. So erreichten wir den
Schlagbaum des Kaiserthums.

Bevor ich die verhängnißvolle Gränze
zwischen der jungen und alten Welt, zwischen
der linken und rechten Seite Europa's, zwischen
dem constitutionellen Westen und absolutisti=
schen Osten überschreite, sey es mir gegönnt,
ein wenig auf dem westöstlichen Divan aus=
zuruhen, und einige Betrachtungen über unser
halbirtes Vaterland anzustellen.

Auf der einen Seite hört man reden:
„Laßt uns zu den Franzosen halten, denn
Frankreich allein vermag dem Absolutismus
zu trotzen. In Frankreich ist das Haupt=
quartier der Freiheit; und es ist daher die
Pflicht aller Liberalen, sich an Frankreich an=

zuschließen, die Cadres von Frankreich zu ver=
stärken, und so die Freiheit zuletzt in ganz
Europa triumphiren zu machen. Wirft man
uns ein, wir wollen unser deutsches Vater=
land verläugnen und Franzosen werden, so
antworten wir: dieß ist ein ausgebrauchter
Kunstgriff. Wir hassen keine andere Nation
mehr deßwegen, weil sie eine andere ist.
Nicht die Geburt, sondern die Gesinnung
macht verwandt oder entfremdet. Es gibt
eigentlich in unsern Tagen keine Nationen
mehr, es gibt nur noch Menschen, und jeder
Mensch, der mit uns für die ewigen Rechte
der Menschen streitet, ist unser Bruder.
Alles Gerede von Deutschland aber, wie wir
es jetzt wieder hören, ist verwerflich, weil es
nur ein Köder für die Dummen und Schwachen
ist, weil dieser affectirte Patriotismus nur
von der absolutistischen Partei ausgeht, die
unter dem Vorwande die deutsche National=
ehre zu schirmen, nur den Despotismus er=
halten will. Wenn wir diesem Schmeicheltone

folgen, wenn wir zum zweitenmale wähnen, das Vaterland zu retten, während wir unbewußt das Grab seiner Freiheit graben, so sind wir zu dumm, um frei zu seyn, und verdienen unsere Schmach."

Auf der andern Seite hört man dagegen: „O ihr Thoren, die ihr glaubt, die eigene Freiheit zu retten, indem ihr den Ausländer als Wächter darüber setzt. Kein Volk war je des andern Freund, am wenigsten aber waren die Franzosen jemals unsere Freunde. Wenn sie unsere Freiheit zu schützen versprechen, so ist dieß in den Augen jedes Welterfahrnen nur ein Köder für die Dummen und Schwachen, denn im ersten Freiheitsrausche scheinen sie unsere Befreier, und wie am nächsten Morgen der Rausch verfliegt, ist von der Freiheit nichts mehr zu spüren, die Usurpation aber bleibt, und das grausame Recht des Eroberers enttäuscht die Verblendeten zu spät. Im Namen der Freiheit wird uns der Franzose Bruder nennen, um

uns bald im Namen seiner Habgier, seines
Ehrgeizes, seiner Eitelkeit Sklaven zu nennen.
Es ist nicht wahr, daß es keine Völker, son=
dern nur Menschen gibt. Im Gegentheil,
es gibt keine Menschen, sondern nur Völker.
Das Vaterland hat das älteste unveräußerliche
Recht an uns, das ewig dasselbe bleibt, und das
Nationalinteresse darf niemals einem vorüber=
gehenden Tendenz= oder Partei=Interesse ge=
opfert werden. Die Haut ist uns näher als
das Hemd, das Vaterland näher als der
Staat. Der Staat ist der Veränderung
unterworfen, nicht aber das Vaterland, und
um die einer Partei günstig scheinende Ver=
änderung im Staate zu bewirken, darf doch
niemals das Vaterland aufgeopfert werden.
Bewahren wir nur die Integrität des deut=
schen Vaterlandes, so haben wir immer noch
Zeit, uns darin bequem einzurichten. Um
aber diese bei einer neuen europäischen Krise
so sehr gefährdete Integrität zu bewahren,
ist es Pflicht jedes Deutschen, sich an die

großen Mächte anzuschließen, deren eigenes
Interesse jene Integrität ist."

So reden die Parteien, und es ist nicht
zu läugnen, daß beide in gewissem Sinne
Recht haben. Der ächte Patriot, der zugleich für die Freiheit und die ewigen Men-
schenrechte, und zugleich für die Integrität,
Einheit, Macht und Ehre des deutschen Vaterlandes glüht, theilt die Besorgnisse beider
Parteien. Er besorgt Gefahr für die Freiheit, wenn der Absolutismus gegen Frankreich siegt, und er besorgt Gefahr für das
deutsche Nationalinteresse, wenn Frankreich
siegt.

In den Besorgnissen auf diese Weise mit
beiden Parteien einverstanden, kann der ächte
Patriot doch nicht die Mittel billigen, zu welchen beide Parteien rathen. Er kann sich
weder unbedingt den Franzosen in die Arme
werfen, noch auch dem Absolutismus.

Nun geräth der ächte Patriot zwischen
Hammer und Ambos. Die Liberalen wollen

nichts als das Wort Freiheit hören. Klingt ihnen etwas von Deutschland in die Ohren, gleich fahren sie auf: „Du willst uns an Rußland verkaufen." Die Servilen wollen ihrerseits nichts von der Freiheit hören, und spricht man davon, gleich fahren sie auf: „Du willst uns an Frankreich verkaufen."

So finden wir die Freiheit und das Vaterland, die ewig unzertrennlich mit einander verbunden seyn sollten, gegenwärtig in Deutschland getrennt, und feindlich einander gegenüber gestellt. Ein verhängnißvolles Mißverständniß.

„Es kann allerdings noch großes Unheil daraus entstehen," äußerte ein ältlicher Mann, der neben mir im Wagen saß, und dem ich diese Betrachtungen mittheilte. „Indeß," fuhr er fort, „wird das Ende vom Liede doch eine Wiedergeburt Deutschlands seyn. Es wird Deutschland einmal im Ganzen gehen, wie es Preußen im Einzelnen gegangen ist. Ich habe Preußen im Jahre 1806 gesehen,

und dann wieder im Jahre 1813, und daraus
den Schluß gezogen, daß man nur recht auf
dem Deutschen herumzutreten braucht, um
ihn tapfer, großherzig, einig, klug und was
man will zu machen. Man muß ihn wie ein
Vieh behandeln, damit er ein Mensch wird.
Lassen Sie daher nur die Franzosen kommen,
oder die Russen, oder beide zugleich; lassen
Sie Deutschland zur Hälfte von diesen, zur
Hälfte von jenen erobert werden, lassen Sie
die Deutschen ausplündern, knuten, schinden,
und-item, Sie werden sehen, das hilft am
besten; nach einer solchen Pferde-Cur steht die
deutsche Nation frisch und gesund wieder auf."

"Glauben Sie aber nicht, daß die alten
Erbübel der Deutschen, Uneinigkeit und Nach=
ahmungssucht, der kleinliche Provinzialgeist
und die Unterwürfigkeit gegen alles Fremde,
immer wieder verschlagen werden? Gesetzt,
die Deutschen hätten sich einmal zusammen=
gerafft, die Fremden rechts und links, wie
Simson die Philister, zu Boden geworfen,

so möchte ich fast wetten, es vergehen nicht
zehn Jahre, so sind sie schon wieder uneinig
unter einander, beneiden einander, schneiden
einander die Nahrung ab, verklagen einander
bei den Fremden, schließen Bünde gegen einan=
der mit den Fremden, nach wie vor, denn Art
läßt von Art nicht, und eine fast zweitausend=
jährige Erfahrung spricht für die Regel."

„Ich bin dieser Meinung auch," sagte der
alte Mann, „allein diese ganze Erfahrung be=
weist eben nur, daß das deutsche Volk, wenn
es sich selbst überlassen ist, nichts mit sich an=
zufangen weiß, sondern auseinanderfällt, wie
ein Brei, und daß es eben daher fremden und
äußern Einflüssen leicht erliegt, und unter
allen möglichen Völkern am leichtesten zu du=
piren und zu regieren ist. Nun ist es bisher
immer nur zu Gunsten fremder Interessen
und zu seinem Nachtheile dupirt und regiert
worden; es kommt also nur darauf an, daß
es einmal zu seinen eigenen Gunsten, in sei=
nem eigenen Interesse mißhandelt würde.

Dieß vermöchte nur ein großer Mann, der zugleich Deutscher wäre, und in Deutschlands Größe seine eigene sähe, ein deutscher Napoleon, ein zweiter Karl der Große, der aber viel klüger handeln müßte, als der erste.‟

„Wenn ich ein solcher wäre,‟ sagte der alte Mann, indem ich über die kleine, schwächliche und kränkliche Figur, die er dabei machte, lächeln mußte, „wenn ich ein zweiter Karl der Große wäre, so würde ich schreckliche Dinge thun, über die sich die ganze Welt verwundern sollte. Was aber die guten Deutschen betrifft, so würde ich sie vor allen Dingen, wie Semiramis die Babylonier, zusammentreiben, und sie müßten mir eine ungeheure Riesenstadt in der Mitte von Deutschland bauen, mit einer vorläufigen Dotation von wenigstens einer Million Einwohner. Wenn ich erst eine solche Stadt hätte, dann wäre mir für die Fortdauer meines Reichs nach meinem Tode nicht mehr bange. Die Deutschen würden ganz von selber einig bleiben, bloß weil

eine

eine Million Menschen zu faul seyn würde,
sich wieder zu dislociren, und weil eine Mil=
lion Menschen auf Einem Fleck beisammen die
Einheit der übrigen vierzig Millionen unfehl=
bar sichern.''

,,Und wo würden Sie diese Stadt grün=
den?''- frug ich.

,,Ich würde Bamberg vergrößern, und bis
an den Main führen. Diese Stadt hätte
dann einen schiffbaren Fluß, an der alten Ba=
benburg eine Akropolis, und läge mitten in
einer reichen Fruchtebene, wodurch sie mit
hinlänglichen Lebensmitteln versorgt werden
könnte. Was aber die Hauptsache wäre, diese
Stadt läge zugleich in der geographischen,
militärischen und mercantilischen Mitte von
Deutschland, gleich weit entfernt von allen
Gränzen, geschützt ringsum durch Gebirge und
Festungen, und im Durchschnittspunkte der
großen Handelsstraßen von Süd und Nord,
Ost und West. — Um dieser Stadt eine noch
größere mercantilische Bedeutung zu geben,

würde ich auch einen längst gefaßten Plan endlich ausführen, und die Donau mit dem Main vermittelst der Altmühl und Regnitz verbinden, welcher letztere Fluß gerade bei Bamberg in den Main fällt."

"Wenn aber nun," warf ich ihm ein, "wenn eine solche Riesenstadt existirte, würde sie nicht auf Deutschland, wie Paris auf Frankreich, einen nachtheiligen Einfluß haben?"

"Ich weiß wohl," sagte der Alte, "daß man den deutschen Provinzialgeist zu rühmen pflegt, weil er die Einseitigkeit, Monotonie und Uniformität, die in Centralstaaten so oft der Volksthümlichkeit Zwang anthut, von uns fern gehalten und jeder eigenthümlichen Fähigkeit und Tendenz ein Asyl, und Raum zur Entwicklung gegönnt hat. Kann denn aber diese Mannichfaltigkeit nicht auch innerhalb einer Einheit bestehen? und müßte sie nicht innerhalb dieser Einheit sogar noch besser gedeihen? Muß man unter der Einheit nothwendig eine Uniformität verstehen? Sie soll nichts we-

niger als die eigenthümlichen Keime mannich=
facher Entwicklung ersticken, vielmehr diesel=
ben beleben, wie in der Einheit des Organis=
mus alle Organe, jedes auf seine besondere
Weise, ihr volles Leben finden. Eine Man=
nichfaltigkeit ohne diese organische Einheit ist
eben so verderblich, als eine Uniformität ohn
diese Mannichfaltigkeit. Hat die Eigenthüm=
lichkeit der deutschen Stämme sich weniger
geltend gemacht, da noch alle in Einem Reiche
verbunden waren? Würde sie selbst dann
untergehen, wenn sie aufs neue in Ein Reich
und noch inniger durch eine große Centralstadt
verbunden würden? Gewiß nicht. Wenn
auf der einen Seite auch mitten in Deutsch=
land ein London oder Paris läge, würde auf
der andern der Bewohner der südlichen Ge=
birge und der nördlichen Sandwüsten doch
sicher seine Eigenthümlichkeit sich bewahren;
aber durch den Gegensatz würde diese Eigen=
thümlichkeit nur desto schöner hervorleuchten,
und zugleich würden alle üblen Folgen des

6 *

Provincialismus wegfallen. Große Geister
würden sich nicht mehr isoliren und einsam
verbauern, oder auf hypochondrische Narrhei=
ten verfallen. Sie würden als die Elite der
großen Nation in der Centralstadt auf der
größten Bühne vor allem Volke ihre Ta=
lente an einander ausbilden und wetteifernd
glänzen.

In engem Kreis verengert sich der Sinn,
Es wächst der Mensch mit seinen größern Zwecken.

Auf diese Weise würde der Handel sammt
allen Gewerben einen neuen großen Schwung
erhalten, und der kleine Krämergeist und die
Verkümmerung durch Mauthen und Zölle
wieder aufhören. Alle Erbärmlichkeiten der
kleinen Höfe, kleinen Pfahlbürgerrepubliken,
kleinen Armeen, kleinen Dikasterien, kleinen
Akademien, kleinen Compagnien würden weg=
fallen. Alles Gehässige würde wegfallen, was
dem isolirten Leben durch seine Isolirung an=
klebt; aber darum würde keineswegs das
Schöne und wahrhaft Gute der besondern

Eigenthümlichkeit wegfallen. Der Alpenbe-
wohner würde immerhin, wie die Alpen
selbst, seine Natureigenthümlichkeit bewahren,
denn die Natur ändert sich nicht. — Man
hat für die Poesie gefürchtet. Guter Gott!
wie die Quellen ewig vom Schwarzwalde
fließen, so wird auch in Schwaben ewig der
süße Quell des Gesanges nicht versiegen,
möchte auch eine noch so große Stadt ferne
in den Ebenen sich erbauen. Was wir haben,
würden wir nicht verlieren; wir würden nur
dazu gewinnen, was uns noch fehlt."

„Das ist alles recht schön und gut in der
Idee, lieber Herr," sagte ich, „aber wie Sie
da hier neben mir auf dem Postwagen sitzen,
werden wir wohl beide die Welt ihren Gang
gehen lassen, und können nichts daran ändern."

Ein junger Doctor aus Leipzig, der bisher mit großer Besorgniß zugehört hatte,
weil ihm solche Gespräche in der Nähe der
österreichischen Gränze höchst bedenklich vor-

kamen, machte nun jetzt auf Einmal ein
freundliches Gesicht, weil er sich einbildete,
meine Aeußerung gegen den Alten bezwecke,
das Gespräch abzubrechen.

„Ja, überhaupt," stotterte er, „möchten
wir doch jetzt nicht von Politik sprechen, Sie
wissen ja" —

„Nichts weiß ich," fuhr ihn der Alte
an, „als daß die Welt verkehrt ist, daß heut
zu Tag das Alter wild und die Jugend zahm
ist, die Philister mit grauen Haaren renom-
miren, und die Studenten sich fürchten."

Ich lenkte ihn von dem Doctor ab, indem ich fortfuhr: „Um wieder auf unser
Gespräch zurück zu kommen, alter Herr,
glauben Sie denn, daß Ihre Träume bald in
Erfüllung gehn werden?"

„Warum nicht?" erwiderte er, indem
er die fünf Finger seiner linken Hand aus-
streckte, um mit dem Zeigefinger der rechten
daran zu zählen: „Erstens bekommen wir

Restauration, diese führt zweitens zur Revo=
lution, diese drittens zum Kriege, der Krieg
viertens zur Dictatur, und so braucht es
fünftens nur eines deutschen Dictators, etwa
eines zweiten glücklichen Wallenstein, um
alle die Träumereien Ihres gehorsamen
Dieners, über die Sie spotten, zur Wirk=
lichkeit zu machen."

„Ich kann Ihnen nicht verbergen," war
meine Entgegnung, „daß ich die Gewalt
zwar für ein letztes Heilmittel in allen po=
litischen Krankheiten halte, jedoch vor ihrem
Mißbrauche in der unrechten Hand erschrecke,
und für das Heil der Menschheit über=
haupt, so wie für das der Deutschen ins=
besondere, mehr von den allmählichen Ent=
wicklungen der Vernunft, als von den raschen
Schlägen der Gewalt erwarte. So bin ich
überzeugt, wird Deutschlands Glück in der
Zukunft weniger vom Resultate der Kriege, als
von der Bildungsstufe des Volkes abhängen.
Große Kriege haben das Eigenthümliche,

daß sie die Gedanken, die vor ihrem Ausbruche die Menge erfüllt, verwirklichen, aber
auch nicht über die Schranken dieser Gedanken hinausgehn. So sind wir Deutschen
nach dem Reformationskriege nur zum ruhigen Genusse der Religionsfreiheit gelangt, bis
zu welcher wir uns vor diesem Kriege heran-
gebildet hatten, keinen Schritt weiter. So
sind auch die Franzosen, nach allen Stürmen
der Revolution und der Napoleonischen
Periode, keinen Schritt weiter gelangt, als
zum unbestrittenen Genusse der bürgerlichen
Rechte, welche die öffentliche Meinung beim
Ausbruche der Revolution verlangte. Ihre
Freiheit nachher entsprach genau ihrer Bildungsstufe vorher, die bekanntlich in den
Cahiers von 1789 ihren Ausdruck fand.
So sind endlich die Deutschen nach dem sogenannten Befreiungskriege zu keinem glück-
lichern Resultate gekommen, als das uns allen
bekannte, weil ihre politische Bildungsstufe
vorher noch eine äußerst niedrige war. Wir

hätten damals die Welt erobern können, und
würden doch im Innern unserer Staaten
nicht besser reformirt haben, weil die karge
Reform von 1815 nur den kargen politischen
Begriffen der Deutschen vor dem Kriege entsprechen konnte. Wären wir politisch gebildeter vorher gewesen, wir hätten auch nachher mehr erlangt. Ich stelle unbedingt und
für alle Fälle den Satz fest, daß das Resultat eines Kriegs allemal gleich ist der Bildungsstufe im Frieden vor dem Kriege.‟

„Dieser Satz findet seine Anwendung auf
die Gegenwart. Es folgt daraus, daß wenn
wir im Frieden an politischer Bildung gewinnen, künftige Kriege uns die Früchte
dieser Bildung bringen werden. Wir dürfen
vom Kriege nur gerade so viel und nicht mehr
und nicht weniger erwarten, als wozu wir
uns durch unsere in der ruhigen Besinnung
und Ueberlegung des Friedens gewonnene
Bildung fähig gemacht haben. Das, wor-
über wir uns jetzt verständigen, was jetzt als

Zeitgeist anzusehen ist, was der Glaube der
Mehrheit jetzt ist, das und nichts Anderes
wird künftig wirklich. Wenn der Krieg be=
ginnt, bleibt die Bildung der Zeit auf der
Stufe stehen, auf der sie sich gerade befindet.
Alle Katastrophen, große Schicksale, große
Männer, glänzendes Glück und Unglück des
Kriegs sind nur eine vorübergehende Episode.
Zuletzt wird doch wieder Friede. Dieser
Friede aber fängt damit an, womit der
frühere Friede aufgehört, indem er dessen
Forderungen verwirklicht. Sind wir frei=
sinnig vor dem Kriege, so wird der neue
Friede uns die Freiheit bringen; sind wir in
der Gesinnung einig, wünschen wir allgemein
die Einheit, so wird sie uns der neue Friede
wirklich bescheren; sind wir aber sklavisch und
uneins, so werden uns alle europäischen Ka=
tastrophen nachher finden, wie vorher, und
wir können uns auf eine noch härtere Skla=
verei, auf noch schärfere Trennungen gefaßt
machen. Der Krieg hat nie eine andere

Frucht geboren, als die zuvor im Frieden empfangen und ausgebildet worden."

„Mithin betrachtete ich die Belebung des constitutionellen Geistes in Deutschland, die innere Durchbildung desselben und die äußere Popularität, deren er sich erfreut, als die sichersten Garantien des künftigen Glückes, welche Chancen auch der Krieg darbieten mag. Die Deutschen wollen jetzt la vérité de la charte, sichere Garantien und conséquente Ausbildung des constitutionellen Repräsentativ=systems. Dieß ist ohne die Einheit noch nicht Alles, aber es ist immerhin viel, und wird Früchte tragen. Es scheint, die große Reform soll von unten herauf mit dem kleinen Detail beginnen, um sich endlich einmal oben in der Pyramide zu vollenden, und dieser Gang der Dinge ist vielleicht der beste. Denken wir uns den umgekehrten Gang, denken wir uns, was Sie, mein Herr, wollen, einen gewaltigen Kriegsfürsten, welcher zwar Deutschlands Einheit gründete, aber zugleich

auch seinen Despotismus, so würden wir
bitter beklagen müssen, uns nicht zuvor im
Geiste und in der Taktik der constitutionellen
Freiheit durchgebildet zu haben, um den Ge=
waltherren Schranken zu setzen. Wehe uns,
wenn je das kleine, das Privatinteresse, das
bürgerliche, das Municipal= und Provincial=
interesse einem despotischen Staatsinteresse
geopfert werden sollte. Dann wäre die Ein=
heit ein Fluch. Wenn aber durch die Durch=
arbeitung und Einfleischung des constitutio=
nellen Geistes die einzelnen Interessen erst
wohl gewahrt sind, dann kann auch die Ein=
heit Deutschlands nur Segen bringen, in=
dem sie durch die Vereinigung und in ein=
ander greifende Harmonie alle Kräfte ver=
dreißigfacht, allen einen dreißigfachen Raum
der Entwicklung gibt.“

„Doch still! nur hier um Gottes willen
nicht mehr raisonnirt. Sie machen uns alle
unglücklich“ — rief der junge Doctor aus
Leipzig — „merken Sie denn nicht, daß

der Mauthbeamte schon mit der Laterne
kommt?" Wir hielten wirklich vor dem
Schlagbaume, und der Mann mit der Laterne war da; aber er that dem jungen
Doctor nichts, der bis an den Schlagbaum
aus Leibeskräften Riesenwolken von Tabak
ausgeblasen hatte, um keinen confiscablen
Rest im Beutel mit über die gefährliche
Gränze zu nehmen.

Ich fand übrigens die österreichische
Mauth, wie die Post, so höflich und gefällig, als irgend eine in der Welt, und
wurde in dieser Hinsicht auf meiner ganzen
Reise durch das Oesterreichische nie — auch
nur im geringsten belästigt, welches ich zur
Steuer der Wahrheit hiemit dankbar nieder-
schreibe.

Auch mit dem Raisonniren nahm es Niemand genau. An der Abendtafel in Salzburg, und überall unterwegs wurde politisirt,
so frei und ungenirt, daß der junge Leipziger
Doctor aus Angst allen Appetit verlor.

Ich will übrigens von dieser damaligen
Licenz nicht auf frühere Zeiten schließen.
Es wurde mir überall gesagt, daß man sich
erst in jüngster Zeit in einer früher unbekannten Redefreiheit exercire, tout comme
chez nous. Aber man that es doch.

Ser von Unterwalden . . . am Sarner
. . . der . . Sarner . . . als das Berner
. . . So ich mir . . . Salzburg in

Fünftes Capitel.

Salzburg. — Der Untersberg. — Das
Schloß. — Die Kapuziner. — Steinsäh-
ler. — Die Kärnthner-Alpen. — Die
schönen Linzerinnen. — Das Do-
nauthal.

Da mich sehr heiteres Wetter begünstigte,
ging ich noch vor Sonnenaufgang aus dem
Hause, um die weltberühmte Schönheit der
Salzburger Gegend von dem Schloßberge aus
zu genießen. Diese in der That bezaubernde
Gegend, die mir im ersten Morgenrothe
doppelt schön erschien, hat ungemein viel
Aehnlichkeit mit der Umgebung von Luzern,
wenn man sich das Thal, welches die Salza
durchfließt, als den See denkt, den Untersberg als den Pilatus, den Gaisberg als den
Rigi, das Thal von Berchtesgaden als das

Thal von Unterwalden, und den Gebirgspaß
zur Linken am Tennengebirge als das Urner-
Loch. — Als ich nach langer Zeit hier in
Salzburg wieder die ersten Schneeberge sah,
war auch meine Seele nach der geliebten
Schweiz versetzt, und ich brachte den silber-
blinkenden Firnen den Tribut wehmüthig
süßer Erinnerungen.

Am imposantesten unter den nahe liegenden Bergen nimmt sich der sagenberühmte Untersberg aus, in welchem Carolus Mag-
nus noch heut zu Tage seine Tafelrunde halten, und aus welchem er dereinst hervor-
gehn soll, wie Friedrich Barbarossa aus dem
Kyffhäuserberge in Thüringen. Wie dem
Christen im Allgemeinen die Wiederkehr des
Messias und das tausendjährige Reich in goldener Ferne vorschweben, so dem Deutschen
insbesondere die Wiederkehr eines großen Kaisers und eine Glanzperiode des Ruhms und
Glückes. Dieser schöne Volkstraum ist wohl
um so natürlicher, als er vielleicht einst in

Er-

Erfüllung gehen wird. Die Deutschen wer=
den niemals die Erinnerung an ihre Einheit
verlieren, und je freier sie werden, um so
mehr wird sich ihnen auch das Bedürfniß der
Einheit aufdrängen; und von einer Einheit
Deutschlands kann man in der That nicht ge=
nug Erhebendes, Glänzendes, Ruhmvolles,
wahrhaft Kaiserliches erwarten. Der Ge=
danke schon ist in Gold gefaßt, und strahlt
wie ein Heiligenschein.

Es gibt noch mehr solcher prophetischer
Volkssagen, die eben so natürlich sind, und
eben so gewiß in Erfüllung gehen werden.
Darunter gehört die Sage, daß Polens alte
Krone geheimnißvoll in einem Kloster be=
wahrt und nicht eher wieder zum Vorscheine
kommen werde, bis wieder ein Piast sie tra=
gen werde. Nun? Hat Polen nicht durch
seinen neuen Tod bewiesen, daß es eben noch
lebt? — Kann eine solche Nation unter=
gehen? Muß sie nicht, wird sie nicht beim
ersten besten Glückswechsel in ihrer Herrlich=

keit aufstehen? — Noch eine ähnliche Sage
ist die, daß einst die Schweizeralpen sich
spiegeln würden im Belt. Daran ist gar
nichts Wunderbares. Die Freiheit, welche
zur Zeit, da diese Sage entstand, allerdings
nur auf den Bergen wohnte, ist seitdem nie=
dergestiegen in die Thäler und Ebenen, und
bis zu den Meeresufern, und so mag es wohl
kommen, daß sich die Alpen einmal auch im
Belt spiegeln.

Die Zukunft der Völker ist mythisch, wie
ihre Vergangenheit, aber beide Gattungen
von Mythen sind nur Sinnbilder für ganz
natürliche Zustände. Es werden künftig keine
Wunder geschehen, wie auch wahrscheinlich
früher keine geschehen sind, und nur die Ent=
wicklung des Völkergeistes, der im Verlaufe
der Jahrtausende die dunkle, schmutzige Scholle
durchbricht, aufwächst, sich ausbreitet und im=
mer reiner und zarter seine edelsten Blüthen
entfaltet, nur diese Entwicklung ist das eine
große Wunder der Geschichte. Mag es im=

merhin wahr seyn, daß die Menschen im Ein=
zelnen nicht beſſer werden, daß mit jedem wie=
der die alten Leidenſchaften, Thorheiten und
Laſter geboren werden; aber die Menſchheit
im Ganzen verbeſſert ſich doch, die Zuſtände
verbeſſern ſich, die allgemeinen Bedingungen
des Lebens verbeſſern ſich. Bleibt ſich gewiſ=
ſermaßen die Krankheit immer gleich, ſo wird
doch die Heilkunde, die Diät, ja ſelbſt die
Lüft beſſer. Die zunehmende Intelligenz,
die durch tauſendfache Erfahrung gewonnene
Einſicht von den Vortheilen, die ſich mit dem
Guten verbinden, jene namentlich in den letz=
ten Zeiten ſo raſch vorſchreitende Identifica=
tion des Intereſſes mit dem Rechte, iſt ein
Heilmittel für die Völker von unberechenbarer
Wirkſamkeit. Die ganze materia peccans
der Weltgeſchichte, der durch ſie hindurch=
gehende ſchadenfrohe Dämon, die ganze un=
geheure Weltſchuld läßt ſich zurückführen auf
den Egoismus, und gegen dieſen gibt es kein ra=
dicaleres Mittel, als die zur mathematiſchen

7 *

Gewißheit erhobene Völkererfahrung, daß
der Vortheil jedes Einzelnen am besten ge=
sichert wird durch den Vortheil Aller, oder
durch den vollendeten Rechtszustand. Dieses
Mittel aber fängt an, von den Völkern er=
kannt zu werden, und die Mythe der Zukunft
ist nichts Anderes, als die Einführung jenes
vollendeten Rechtszustandes, der am Ende so
wenig chimärisch ist, als es die Interessen sind.

Indem ich, Angesichts der erhabenen Al=
penkette, diesen Betrachtungen nachhing, ver=
nahm ich hinter mir ein Kettengeklirr, und
umblickend sah ich die Zinnen des festen
Schlosses, von dem Gefesselte, von Soldaten
begleitet, herabstiegen. Zwing=Uri stand vor
mir. Die Gefangenen waren Männer aus
dem Gebirge in ihrer Landestracht, mit stol=
zem Gange, schön trotzigen Augen; ihre Be=
gleiter in der weißen kaiserlichen Uniform
sahen nicht minder schön, nicht minder trotzig
aus. Es waren Gallizier. Ich hörte, das
ganze Schloß sey gepfropft voll solcher Ge=

fangenen, und diese seyen Deserteure und Re-
fractaire, sämmtlich Salzburger und Tyroler,
die es unerträglich fanden, fern von ihren
schönen Bergen unter dem österreichischen
Stocke zu dienen. Man fügte hinzu, die Zahl
dieser Refractairs habe in neuerer Zeit so sehr
zugenommen, daß man sie, um nicht durch
die allzu oft wiederholten harten Strafen Aufsehen zu erregen, häufig mit einem Laufpasse
heimschicke. Das Militär in Salzburg bestand aus höchstens zwei Regimentern, und
zwar Polen.

Als ich auf der entgegengesetzten Seite der
Stadt aufs Gerathewohl hinaufstieg, gerieth
ich an eine Mauer, die mir alle Aussicht versperrte. Ein hübsches Mädchen wies mich
an eine verschlossene Thüre, wo ich klingeln
sollte. Ich forderte sie auf, mir voranzu-
gehn; aber sie sagte lachend, sie wolle das
Haus nicht in Brand stecken. Ich verstand
sie erst, als ein graubärtiger Kapuziner die
Pforte öffnete, beim Anblicke des hübschen

Mädchens mich rasch hineinzog, und die Thüre
dem Mädchen vor der Nase zuschlug. Ich
sagte dem ehrwürdigen Pförtner, ich wünsche
die Aussicht von seinem Kloster zu genießen,
worauf er sogleich einen Pater rief, einen
hochgewachsenen Mönch, von imponirender
Haltung und edlem Anstande. Dieser führte
mich im Garten umher, und als er sich nach
meinen Verhältnissen erkundigt hatte, ergab
es sich, daß er mit der neuen Literatur und
mit meinen eigenen Schriften sehr wohl be=
kannt war. Seine Urtheile, z. B. über die
gegenwärtigen Parteiungen und Fractionen
in der Theologie, so wie über einzelne dahin
einschlagende auffallende Erscheinungen, die
Wiedergeburt der Swedenborgischen Lehre ⁊c.
waren eben so verständig, als sie umsichtige
Kenntnisse verriethen.

Ich ersah aus diesem Umstande, daß die
alten bischöflichen Zeiten vorbei seyen, obgleich
nicht vor langer Zeit Salzburg noch dem
krassesten Fanatismus huldigte. Jedermann

kannt die grausame Vertreibung der protestan=
tischen Salzburger, aber wahrscheinlich kennen
nur Wenige die jüngsthin von Mücher wieder
aus dem Dunkel der Vergessenheit gezogene
Geschichte des unglücklichen Steinbühler, die
sich am Schlusse des vorigen Jahrhunderts zu
der Zeit zutrug, in welcher sonst überall
Aufklärung und Toleranz den Sieg erfochten
hatte.

Steinbühler studirte die Rechte zu Passau,
und las zugleich mancherlei Schriften, worin
nach der damaligen Mode Aberglauben und
Fanatismus verspottet warden. Solche Bü=
cher waren aber in Passau fremde und ver=
botene Waare, und die Salzburger geistliche
Regierung ließ der damals in allen protestan=
tischen Ländern und selbst unter Joseph II
in Oesterreich herrschenden Aufklärung keinen
Zugang. Als sich daher Steinbühler nicht
genug mit Reden in Acht nahm, ward er im
Jahre 1781 als Gotteslästerer denuncirt und
in Salzburg ins Gefängniß gesetzt. Obgleich

er nun in feinem Amte als Schreiber beim
Paffauer Stadtgerichte und als Ehemann ſtets
exemplariſch gelebt hatte, und des beſten Rufs
in Bezug auf ſeine Sittlichkeit und auf ſeine
Kenntniſſe genoß, ſo wurde er doch als Ver=
brecher behandelt, weil er Gott geläugnet ha=
ben ſollte. Er proteſtirte gegen dieſe unver=
nünftige Beſchuldigung und bewies im Ge=
gentheil, daß er oft mit begeiſterter Liebe von
Gott und Chriſto geſprochen habe. Allein
dieß genügte nicht, denn er konnte die Be=
ſchuldigung, über einige Gegenſtände des rö=
miſchen Cultus geſcherzt zu haben, nicht ganz
von ſich abweiſen. Er wurde nun im Ge=
fängniſſe zurückgehalten, und mußte wie ein
Kind den Religionsunterricht von vorn an=
fangen, und den Katechismus von Anfang
bis zu Ende neu auswendig lernen. Allein
auch dieß half ihm nichts. Heart, heart!
Der Unglückliche wurde zum Tode ver=
urtheilt. Jedem Delinquenten wird es im
letzten Verhöre geſtattet, ſeine Entſchuldigun=

gen oder solche Umstände beizubringen, welche
sein Verbrechen mildern können. Dieß ward
jedoch Steinbühler deßwegen nicht vergönnt,
weil der Bannrichter ihn zum Tode bestimmte, mithin das gewöhnliche Banco juris
mit ihm abhalten wollte, wo ihm noch erlaubt war, sich zu vertheidigen. — Allein
der Cardinal von Firmian verlangte
Steinbühlers Tod so hastig, daß der
Bannrichter gegen die gewöhnliche Ordnung
das Banco juris nicht abhalten, sondern sein
Gutachten mit seinem Votum abgeben mußte.
Dieß ging dahin: „Daß der Inquisit un-
nachlässig des Todes schuldig sey, insofern
man nicht seine Jugend, ein Alter von ein
und zwanzig Jahren, als Milderungsgrund
gelten lassen wolle.“ Der Cardinal unter-
schrieb dieses Urtheil mit den Worten: „Mit
dem Delinquenten soll nach strenger Gerechtigkeit verfahren werden.“ Jetzt erst wurden
die Acten, ohne des Verurtheilten Vertheidi-
gung, nach wirklich abgegebenem bannrichter-

lichem Votum, den Justizräthen zum Lesen
übergeben, mit dem Befehle, jeder Hofrath
solle sein Votum einzeln niederschreiben und
dem Bannrichter einsenden. Der Hofrath
und Professor juris romani von Idger
verurtheilte ihn zum Tode mit den Worten:
„legem habemus, et secundum legem
debet mori,“ wohin auch der Director von
Wollmayer stimmte. — Steinbühlers unglückliche Gattin hatte man mit dem Urtheils-
spruche ihres Mannes bekannt gemacht, und
diese war in der größten Verzweiflung. Wohin
sie sich wandte, fand sie taube Ohren, verschlossene
Herzen, und sie hatte schon das zur Hinrich-
tung ihres Gatten bestimmte Kleid anfertigen
lassen, da sandte zu Anfang des Monats August die Gräfin von Traun zu ihr, und ließ
sie zu sich rufen. — Nachdem sie der Be-
jammernswerthen ihre Theilnahme mit ihrem
unverschuldeten, harten Schicksale geäußert,
und sie zu trösten versuchte, sagte sie zu ihr:
„Es gibt ein Mittel, wenigstens die Todes-

strafe von Ihrem Gatten und die damit ver=
knüpfte Schmach von ihm zu entfernen.
Fragen Sie ihn: ob es ihm recht ist, wenn
diese Strafe in eine Landesverweisung ver=
wandelt wird?" — Steinbühlers Gattin
war außer sich vor Freude, und eilte zu
ihrem Gatten, der ihr in einem Briefe aufs
rührendste dankte. — Die edle Gräfin hielt
Wort, die Landesverweisung ward einstimmig
beschlossen, aber dem Landesherrn schien,
auf Instigation seines Beichtvaters, des
Franciscaner Mönchs Sebald, diese Strafe
zu gelind, daher ward, um das Urtheil zu
schärfen, befohlen, daß er sechs Wochen hin=
durch geistliche Uebungen machen, und bei
den drei Stadtpfarrkirchen alle vierzehn Tage
mit einem fünfzig Pfund schweren härenen
Bußkleide angethan, und mit einer schwarzen
brennenden Kerze in der Hand, während des
Gottesdienstes ausgestellt werden solle. Auf
solche Art eröffnete das Bauxgericht dem In=
quisiten den 14 October das Urtheil, mit

dem Zusatze: daß ihm zwar aus höchsten
Gnaden die Todesstrafe erlassen sey, er aber,
nach Verlauf der sechs Wochen und dreimaligem
Ausgestelltwerden, in der Stadtpfarren, das
Land meiden müsse. — Am 27 leuchtete
Steinbühler auf die vorgeschriebene Art bei
der Pfarrkirche Ilg, und am 10 November
zu St. Severin in der Innstadt. Der Kapu=
ziner hielt hier eine Predigt über Freigeister
und Gotteslästerer in einem so fanatischen
Tone, und mit so unverkennbarer Anspielung
auf den Büßenden, daß die ganze Gemeinde
gegen Steinbühler zu murren anfing, und er
beinahe Gefahr lief, gesteinigt zu werden, denn
die Knaben fingen wirklich an, ihn mit Koth
zu werfen. — Am 24 November sollte er
bei St. Paul ausgestellt werden; allein am
23 las er seine geschriebenen Uebungen dem
Dechant F.... vor; dabei erhitzte er sich
so sehr, daß ihn, beim Austritte aus der
Zimmerthüre, als er den Dechant begleitete,
ein Schlagfluß traf, und ihm die ganze rechte

Seite lähmte. Einige Tage hindurch lag er
besinnungslos, und war dem Tode nahe. —
Der Fürstbischof bezweifelte die Nachricht von
dem Schlagflusse des Keßers; er hielt es bloß
für Verstellung, um dem letzten Ausgestelltwerden bei der Stadtpfarre zu entgehen. Um
darüber Gewißheit zu erhalten, schickte er
den Leibmedicus von Groß zu ihm. — In
diesem endlos traurigen Zustande, lahm und
sprachlos, ward er noch immer als Arrestant
behandelt. Durch die schlechte Kost, die man
ihm reichte, kam ein zweiter Anfall vom
Schlage. Jetzt erst ward er der Gefangenschaft entlassen. Allein er schleppte ein siechte
Leben dahin, und starb 1802 in Folge des
erlittenen Unglücks.

Ich hörte indeß in Salzburg häufig
Klagen führen, daß die gegenwärtige Zeit
ungünstiger für die materiellen Interessen der
Einwohner sey, als die alte bischöfliche Zeit.
Ich hörte Klagen über Nahrungslosigkeit,
Verarmung, zunehmende Entvölkerung der

Stadt, die sich früher, da sie noch Residenz
eines selbstständigen geistlichen Fürsten war,
in einer weit blühenderen Lage befunden hatte.
Die niedergedrückte Stimmung ließ sich nir=
gends verkennen. Die fröhliche Laune, die
man an den Oesterreichern so sehr rühmt,
fand ich erst jenseits des Salzburgerlandes,
wo der schöne Menschenschlag der Linzer be=
ginnt. In Salzburg sieht man nur hin und
wieder ein kindlich frohes Linzer Madonnen=
gesicht, die Physiognomien gehören meist noch
dem derben, runden altbayerischen Schlage,
oder dem Schlage der Tyroler an, deren große
schwarzglühende Augen an die Nähe Italiens
erinnern.

Gegen Mittag verließ ich Salzburg in
einem äußerst bequemen neuen Eilwagen, und
die Fahrt ging sehr rasch von Statten. Der
Weg führt über eine Hochebene hin, und man
genießt fast auf jedem Punkte eine weite Aus=
sicht. Zur Rechten liegen in langen unab=
sehlichen Reihen die Gebirge von Kärnthen,

ein entzückender Anblick! Im Vordergrunde
die grünen Matten der Hochebene, mit ein=
zelnen malerischen Hütten, die ganz nach Art
der Schweizer Bauernhäuser von Holz ge=
zimmert, und deren flaches Dach mit schweren
Steinen belastet ist. Im Mittelgrunde die
schönen Kalkgebirge, die hier wie in der
Schweiz durch ihre grotesken Felsenmassen
das Auge fesseln. Endlich im Hintergrunde
die himmelanstrebenden Alpen mit blendenden
Schneefeldern und spitzigen Eiszinken. Die
reine Luft dieses Tages ließ mich auch die
fernsten Berggipfel deutlich erkennen. Nach=
dem man einige Stationen gefahren ist, er=
blickt man vor sich einen mächtigen Berg,
der wie ein Vorgebirge in die Niederungen
des Landes hineinragt, gleichsam das Gibral=
tar von Kärnthen. Es ist der Traunstein.
Je näher man ihm kommt, desto mehr impo=
niren seine braunen, nackten Felsen. Aber
eben da wir an demselben vorüberfuhren,
verschwanden sie in einem dichten Platzregen;

denn der heitere Himmel hatte sich plötzlich
umwölkt, und ein furchtbares Gewitter brach
sich an den Gebirgen.

Unsere Fahrt war leider zu rasch, als
daß ich über die Bevölkerung von Oesterreich
genauere Beobachtungen hätte machen können.
Den Menschenschlag fand ich sehr schön, und
zwar auf dem Wege von Salzburg nach
Linz im Durchschnitte schöner als in Linz
selbst, obgleich man gewöhnlich nur von den
schönen Linzerinnen spricht. Ein Umstand
aber fiel mir unangenehm auf. Die schönsten
Mädchen, die mir bis Vöklabrück (in der
Mitte zwischen Salzburg und Linz) begeg=
neten, hatten Zahnlücken; namentlich fehlten
den meisten die Vorderzähne. Man schreibt
dieß dem Wasser dieser Gegend zu. In Linz
fand ich das nicht mehr. Auch die Männer
in Oberösterreich sind größtentheils schöne
Leute. Das Landvolk war überall auf den
Feldern und Wiesen beschäftigt. Es sah
durchgängig reinlich und fröhlich aus, und
ich

ich fand, daß Wohlhabenheit und gutes Aus=
sehen zunehmen, je mehr man sich Wien
nähert.

Oesterreich ob der Enns macht schon einen
sehr gefälligen Eindruck, unter der Enns aber
erscheint es als ein überaus gesegnetes, üppiges
Land, voll Wohlstand, Leben und Lust. Nir=
gends sah ich Armuth und Harm auf den Ge=
sichtern, wie so oft in Schwaben.

Es regnete in der Nacht noch eine Weile
fort. Gegen Morgen ward der Himmel
wieder hell, und wir kamen mit der Morgen=
sonne zugleich in der reizenden Stadt Linz
an. Da noch alle Thüren und Läden ver=
schlossen waren, ging ich zuerst über die
Donaubrücke und in der Umgebung der
Stadt umher, um die schöne Gegend zu
übersehen, und zugleich die berühmten Maxi=
milianischen Thürme kennen zu lernen.
Ich sah deren mehrere fertig, andere noch
unvollendet, etwa achtzehn; ihre Zahl soll
aber auf zwei und dreißig gebracht werden.

Sie umgeben die Stadt von allen Seiten,
und sehn wie große Maulwurfshaufen aus.
Der niedere Thurm steckt unter einem breiten
Sandhügel, wie der Uhrzeiger unter dem
Glase. Man schießt von innen oben im
Bogen heraus, nach allen Seiten. Von
außen aber kann man den Thurm selbst nicht
einschießen, weil er ganz im Sande begraben
ist; und wenn man auch in die Oeffnung hin=
einschießt, aus welcher geschossen wird, so
trifft man doch nicht, weil die Kugel in einem
andern Winkel auffällt, und von Sandsäcken
aufgefangen wird.

Oesterreich ist durch Schaden klug ge=
worden. Wenn es den hochwichtigen stra=
tegischen Punkt bei Linz früher befestigt
hätte, würde Napoleon nicht so bequem nach
Wien gekommen seyn.

Als ich in die Stadt zurückkehrte, thaten
sich alle Häuser auf, und die geputzte Be=
völkerung strömte zur Frühmesse nach den
Kirchen, denn es war Peter=Paulstag

Ohne diesen Zufall hätte ich nur wenig
Menschen gesehen, denn der Eilwagen fuhr
schon um acht Uhr des Morgens wieder ab.
Ich hatte nun Gelegenheit, mich von der
weltberühmten Schönheit der Linzerinnen mit
eigenen Augen zu überzeugen; allein meine
Erwartung wurde in gewisser Hinsicht ge=
täuscht. Ich sah eine Menge gemeiner und
häßlicher Gesichter, und verhältnißmäßig nur
wenige schöne, da ich mehr Schönheit in
Masse erwartet hatte. Unter den wenigen
aber waren einige so unbegreiflich schön, daß
ich das auch nicht erwartet hatte. Eine junge
Engländerin ausgenommen, habe ich nie in
meinem Leben ein schöneres Mädchen ge=
sehen, als diejenige, die, wenn sie zu=
fällig dieses lesen sollte, sich erinnern wird,
an dem gedachten Tage in einem weißen
Kleide und rothen Spenzer, in der Hand ein
kleines rothsaffianenes Gebetbüchelchen und
den Rosenkranz, in der Kirche zunächst am
Marktplatze, gebetet zu haben. Der allge=

8 *

meine Charakter der Linzerinnen, wie über=
haupt der österreichischen Engel, ist die Kind=
lichkeit, mit der ihre Schönheit gepaart
ist. Die Brittin zeigt neben der Schönheit
Ernst, Stolz und Kruschheit, die Französin
Geist, die Italienerin Leidenschaft, und in
den meisten Fällen ist bei den Damen dieser
ausgebildeten Nationen der physiognomische
Ausdruck älter als der Körper selbst. Bei
den Oesterreicherinnen aber ist der Gesichts=
ausdruck auch an der reifen Jungfrau noch
kindlich, und wie denn der Geist immer et=
was dem Körper gibt, oder nimmt, so ver=
danken ohne Zweifel diese reizenden Töchter
der Donau ihre ungewöhnlich frische Blüthe
jener Kindlichkeit des Geistes.

Auf dem sehr belebten Wege von Linz
nach Wien nimmt mit der Bevölkerung und
dem Wohlstande auch die Zahl der reizenden
Gesichter zu, denen man begegnet, und Wien
selbst ist daran reicher als alle deutschen
Städte zusammen. Was man sonst nur als

die Zierde eines Hauses oder einer gewählten
Gesellschaft betrachtet, lernt man hier als
die Zierde eines ganzen Landes kennen. —
So viele schöne Weiber in Masse beisammen,
wie man sie bei feierlichen Gelegenheiten in
Wien sehen kann, erwecken ein eigenes Ge=
fühl, und weit entfernt, einer speciellen Lieb=
haberei folgend, darunter zu wählen, überläßt
man sich vielmehr dem Totaleindrucke einer
so schönen Gesammtheit, und betrachtet sie
unwillkürlich mit dem Auge der griechischen
Gesetzgeber, mit dem Auge jener großen
Männer des Alterthums, die schöne Genera=
tionen nicht zu besingen, nicht zu beklagen,
sondern zu schaffen wußten.

Dabei kann man dann nicht ohne einen
Seufzer sich erinnern, daß unsere modernen
Gesetze mehr darauf berechnet sind, die noch
übrige natürliche Schönheit der Generationen
zu zerstören, als sie zu erhalten und zu ver=
edeln. Nichts ist in den modernen Staaten
so mißachtet, als die körperliche Kraft und

Schönheit. So wichtig sie ist, so tief ihre
Förderung oder Vernachlässigung in den Bil=
dungsgang und in das Schicksal der Nationen
eingreift, so nimmt doch kein Gesetz irgend
darauf Rücksicht. Laster, Verweichlichung,
Armuth dürfen ungestraft an der Blüthe
der Generationen nagen. Tausende der schön=
sten und kräftigsten Männer, die Elite der
Nation, die fort und fort ein heroisches Ge=
schlecht zeugen könnten, werden gesetzlich von
der Ehe ausgeschlossen, als Cölibatärs, Sol=
daten, Auscultanten und Altgesellen, und
wenn sie noch spät eine Ehe eingehen, so haben
sie ihre Jugendkraft schon vergeudet. Tau=
sende der schönsten und gesundesten Mädchen
finden aus Armuth keine Freier, verderben
in unfruchtbarer Unzucht, oder bleiben als
alte Jungfern sitzen. Auf der andern Seite
aber werden unzählige Ehen bloß aus Eigen=
nutz geschlossen, und der kräftige Mann ver=
mag mit dem nervenschwachen Mädchen, das
gesunde Mädchen mit dem gichterischen und

kümmerkranken Manne, der Lieblose und der
Lieblosen überhaupt keine schönen und kräfti=
gen Kinder mehr zu zeugen. Daher überall
der unerfreuliche Anblick von Schwäche,
Kränklichkeit, Häßlichkeit und Mißmuth.
Mehr oder weniger sind alle neuen Nationen
von diesem Uebel angesteckt, und die euro=
päische Menschheit ist physisch in dem Maße
herabgesunken, in welchem sie geistig sich
erhoben hat.

Vielleicht wird die allgemeine Freiheit,
und in ihrem Gefolge der allgemeine Wohl=
stand dereinst die Nationen wieder verjüngen.
Der Mensch, nicht mehr von drückenden Sor=
gen belastet, von unnatürlichem Zwange ge=
hemmt, wird auch dem Zuge der Natur
wieder folgen, und Gesundheit, Kraft, Schön=
heit, Frohsinn werden nicht die letzten Güter
seyn, die uns die Freiheit bringen wird.
Ueberhaupt wird das Ringen nach Freiheit
nie enden, bis die bessere menschliche Natur
sich von jedem Aussatze gereinigt hat.

Auf dem Donauwege nach Wien ist das Kloster Mölk der schönste Punkt. Dieses Prachtgebäude, das in der breiten Fläche des Flusses sich spiegelt, gleicht eher einem Königspalaste, als einem Asyle der Demuth. Es erschien mir um so feenartiger, da sich an diesem Abende gerade ein hoher majestätischer Regenbogen darüber wölbte.

Sechstes Capitel.

Wien. — Die Stadt. — Die Menschen. — Physiognomien. — Das Wohlleben.

Am 30 Junius früh Morgens kam ich nach Wien. Man hat auf diesem Wege keinen Totalüberblick der Stadt, desto imposanter aber nimmt sie sich im Innern aus. Wenn man die ungeheuern Vorstädte passirt hat, gelangt man zu einem Circus, der eine halbe Stunde im Durchmesser mißt, und ringsum von den reinlichen und zum Theile prachtvollen Gebäuden der Vorstadt umkränzt wird. Mitten in diesem, mit grünem Rasen be-deckten, und von unzähligen Alleen durch-schnittenen Circus liegt nun erst die innere oder alte Stadt mit ihrem Centralpunkte, dem

Alles hoch überragenden St. Stephans=
thurm. Diese Centralisation der Stadt,
dieses grüne Intervall, diese amphitheatrali=
sche Lage der Vorstädte geben Wien eine Re=
gelmäßigkeit, welche den Ueberblick über seine
ungeheure Häusermasse erleichtert und zugleich
die Majestät der Kaiserstadt erhöht; denn wie
es nach der Kraft nichts Schöneres gibt als
ihre Beherrschung, so ist auch an einer Metro=
polis nach ihrer Größe nichts schöner als ihre
Regelmäßigkeit.

In Wien aber fällt diese schöne und ver=
schwenderische Vertheilung des Raums, fallen
diese lichtvollen Breiten zwischen der alten
Stadt und den Vorstädten, und die geräumi=
gen hellen Straßen der Vorstädte um so an=
genehmer auf, als sie vollkommen dem heitern
Charakter der ganzen freundlichen Gegend
und des freundlichen Volkes selbst entsprechen.

Nur in der innern Stadt sind die Gassen
eng und dunkel; aber sie beträgt nur den sechs=
ten Theil des Ganzen, denn sie wird nur von

50,000 Menschen bewohnt, während die
Vorstädte noch 250,000 Einwohner zählen;
und gerade der Contrast des Alterthums, der
grauen Paläste mit den hellen und modernen
Gebäuden der Vorstädte ist ein Reiz mehr.
In diesem Meere von Palästen achtet man
kaum auf Gebäude, die anderwärts Bewun=
derung erregen würden. Das Einzelne ver=
schwindet in der Masse. Doch wird das Auge,
außer von der Stephanskirche, vorzüglich von
der Burg und ihren Nebengebäuden angezo=
gen. Die jüngern, in der Jesuitenzeit gebauten
Kirchen sind prächtig; ich muß aber bekennen,
daß ich diesen architektonischen Geschmack nicht
liebe. An der Burg fällt ihr ehrwürdiges
und wirklich graues Alterthum auf. Die=
ser dunkle, nicht sehr hohe, obwohl lange Pa=
last verbirgt sich sittsam unter Nebengebäuden
aus jüngerer Zeit, worunter insbesondere die
Staatskanzlei sich auszeichnet, und mit Recht
findet in diesen beiden Palästen Prof. Schneller
den Hof und das Ministerium repräsentirt.

Man findet in Wien auch ohne Conſtitu=
tion die Repräſentanten aller der Völkerſtämme,
in deren Sprachen „das Wohl des Herrſchers‟
erfleht wird. Keine ſchönere Mannichfaltig=
keit als die der öſterreichiſchen bunten Länder=
karte, und auch wieder kein ſchönerer Mit=
telpunkt als dieſes liebenswürdige Wien, und
dennoch hat das Auge nie eine plaſtiſche Ge=
ſtalt erblickt, die, in allen Einzelheiten ſo
ſchön, es im Ganzen ſo wenig iſt. Es gibt
Frauenzimmer, an denen Alles ſchön iſt, und
die doch nicht ſchön ſind. So kommt mir
Oeſterreich vor. Nicht die plaſtiſche Natur
hat hier aus Einem Guſſe ein Wunderbild ge=
ſchaffen; nur ein böſer Zauber hat die einem
Dußend ſchöner Mädchen entriſſenen Reize
zu einer dreizehnten Truggeſtalt zuſammenge=
ſetzt. Man meint, wenn man die Zauber=
formel hätte, müßte das ſchöne geſpenſtiſche
Bild aus einander fallen.

Der ächte Oeſterreicher, den man ſich
draußen gewöhnlich phlegmatiſch denkt, iſt

der munterste Bursche von der Welt. Die
vis inertiae ist bei ihm nur politisch zu ver=
stehen; in diesem Verstande ist sie aber so
stark, daß sie die Kräfte aller Völker in der
Runde an sich fesselt, wie angewachsen. Die
Oesterreicher leben wie auf einer seligen Insel,
ohne zu wissen, daß diese Insel zugleich der
Magnetberg ist, der alle Lanzen=, Säbel = und
Dolchspitzen der Magyaren, Slavonier, Tsche=
chen und Lombarden polarisirt. Sie selber
glauben nur, es sey der Venusberg, in den
die Ritter von allen Seiten hereintummeln,
gern oder ungern. Die Wiener machen aus
einem römischen Triumphzuge nur einen lustigen
Bacchuszug, und die gefangenen Völker selbst
lachen mit. Wie Mancher, der in der Pro=
vinz ein Cato war, wird in Wien zum Lucull!

Alle Oesterreich unterworfenen Völker ha=
ben eine geistreichere und prägnantere Phy=
siognomie als die Oesterreicher selbst; allein
in den Riesengestalten, welche die steierischen
Gebirge liefern, in der Muskelkraft und dem

Blitzauge der Tyroler, und endlich in der
ewigen Jugendblüthe des niederösterreichischen
Fleisches, gibt sich eine Naturfülle zu erken=
nen, die alle Leidenschaften und geistigen Kräfte
der Nachbarn nicht abzunutzen, nicht zu be=
wegen, nicht zu beherrschen vermögen. Wenn
irgendwo, sieht man es hier ein, daß die Na=
tur eine Macht ausübt, der nicht jeder Geist,
nicht einmal jeder Zeitgeist Herr wird. Und
wer weiß, wozu es gut ist, daß die große
Welterziehungskunst, wenn sie die einen viel=
leicht verzieht, noch immer einige Völkerkin=
der übrig behält, um an ihnen künftig bessere
Experimente zu versuchen.

Der Oesterreicher hat mit dem Schwaben
die Gemüthstiefe, das lyrische Element ge=
mein. Dadurch unterscheiden sich aber diese
beiden süddeutschen Stämme völlig von einan=
der, daß der Schwabe den strengsten sittli=
chen Ernst liebt, und für Schillersche Ideale
schwärmt, während der Oesterreicher sich im
Lustigen und Komischen gefällt, und dabei

ganz Epicuräer ist. Der Schwabe hat einen
gemüthlichen Ernst, der Oesterreicher einen
gemüthlichen Spaß.

Auffallend stechen gegen die anspruchslo-
sen, unbefangenen und heitern Physiognomien der Oesterreicher die düstern und charak-
tervollen Gesichter der Ungarn, Italiener und
Böhmen ab, unterscheiden sich aber wieder
sehr unter einander. Der Ungar hat in seiner stolzen und schönen Haltung und Phy-
siognomie etwas Gesetztes, das an das orientalische Phlegma erinnert, so feurig er in-
nerlich ist. Der Italiener trägt in Gang und
Blick sein Feuer viel mehr zur Schau, so auch
der Pole. Der Böhme erscheint durchgängig
gedrückt, grollend, und wo ich irgend ein
recht unzufriedenes Gesicht in der lustigsten
Stadt der Welt sah, war es ein böhmisches.

Der Türken, Griechen, Armenier 2c,
will ich hier nicht gedenken. Nur eine schöne
Erinnerung habe ich von einer vornehmen
Griechin behalten. Jung, schön, wie die

byzantinische Madonna, Verklärung in den
reinen Himmelszügen, in orientalischer, reich
mit Gold und Edelsteinen geschmückter Tracht,
schritt sie vor einigen ältern Frauen her, und
zu beiden Seiten liefen die Armen der Vor=
stadt auf sie zu und küßten ihr einen Zipfel des
seidenen Oberkleides, weil sie, wie ich hörte,
schon lange in Wien lebt und die Armen reich
zu beschenken pflegt.

Die Lazaronis Wiens sind Slavonier aus
dem Neutraer Comitate, und anderes unga=
risches, kroatisches und wallachisches Lumpen=
gesindel, von deren Knechtsgestalt man sich kei=
nen Begriff machen kann, wenn man sie nicht
gesehen hat. Absonderlich sah ich einige
Wallachen, die in Sackleinwand eingepackt
unter langzottigem Haare wahrhaft viehi=
sche Gesichter trugen. Unter den Slavoniern
aber sieht man häufig schöne Knaben und
Jünglinge, wenn man anders ihre halbnackte
Göttergestalt vor Schmuz sehen kann.

Die ungarischen Grenadiere sind die schön=
sten

ſten Männer, Alle auserleſen, ein Antinous
neben dem andern, nicht etwa bloß durch die
Länge ausgezeichnet, ſondern zugleich durch
die Wohlgeſtalt, durch die edle Proportion,
den netten Fuß ꝛc.

Was den Wienern ihre Geſundheit,
Schönheit und Heiterkeit erhält, iſt außer
dem milden und freundlichen Klima vorzüg=
lich ihr Wohlleben, ihre zur andern Natur
gewordene Virtuoſität, das Leben zu genießen,
ohne ſich doch dem Genuſſe zum Opfer zu
bringen; ich möchte es einen Epicuräis=
mus ohne Leidenſchaft nennen.

Sie eſſen und trinken vortrefflich, aber
man ſieht es ihnen nicht an, wie etwa einem
engliſchen Fallſtaff oder einer altbayeriſchen
Biertonne. Das Unfläthige, Beſtialiſche und
Dämoniſche, das man anderwärts ſo häufig
bei leidenſchaftlichen Freſſern und Säufern
ſieht, vermißt man in Wien faſt gänzlich.
Sie lieben, ſie ſind ſehr wollüſtig, aber ver=
gebens ſucht man in Wien Phyſiognomien,

welchen diese Leidenschaft den Stämpel des
Verbrechens und der Schände aufgedrückt
hat, wie man sie so häufig in Berlin und selbst
in Frankfurt sieht. Es gibt kein eigentliches
Bordell in Wien, Alles dilettirt nur wie in
Italien; folgt dabei seiner Neigung und sieht
dabei immer lachend, vergnügt, und was die
Hauptsache ist, gesund aus. Von allem dem ist
der Grund, daß die Wiener bei ihren körperlichen Genüssen ohne Leidenschaft zu Werke
gehen. Ihre Seelenruhe, ihre anspruchlose
Gutmüthigkeit und Fröhlichkeit, läßt das wär-
mende Flämmchen nie zum zerstörenden Brande
werden.

Auch in ihren Sitten herrscht das Beque-
mere über das Glänzende vor. Der Fremde
wird durch die naivsten Gebräuche überrascht,
schämt sich Anfangs, sie mitzumachen, und
findet sie am Ende ganz praktisch. Ich will
nur Ein Beispiel anführen. Ich befand mich
an einem sehr heißen Tage an der Tafel eines
christlichen Barons von altem Adel, als die

liebenswürdige Baronesse, an deren Seite ich
saß, mich ganz freundlich frug: „Wollen
Sie nicht den Rock ausziehen?" Ich erfuhr
nun, daß die übrigen Herren bloß meinetwe-
gen, weil ich als der Ehrengast noch nicht
den Anfang gemacht, ihre Fracks noch anbe-
halten hatten, daß man sich in Wien in diesem Punkte gar nicht genire, sondern den Rock
ohne Weiteres ausziehe, wenn es zu heiß sey;
und ich fand diese Sitte sehr bequem. Die
Gesellschaft war noch einmal so lustig, als erst
die Röcke herunter waren. Auch in den Gast-
häusern herrschte allgemein dieser Gebrauch.

Ich nahm mein Quartier im goldnen
Lamm in der Leopoldstadt, wo ich um äußerst
billigen Preis vortrefflich bedient war.

Was mein Auge in Wien fast allein ver-
mißte, das waren die Goldhäubchen. Sie
sind so völlig aus der Mode, daß man nur
selten noch ein altes Weib damit geschmückt
sieht; die artigen Grisetten Wiens trugen dagegen jene ungeheuren neumodischen Hauben,

in denen das Gesicht, wie in einer Wolke
steckt, und alberner Weise nichts von den
Haaren sehen läßt. Indeß, was steht schö=
nen Kindern nicht schön?

Gleich bei meiner Ankunft in Wien leuch=
tete mir ein Beweis von Liberalismus entge=
gen. Am Thore nämlich kündigte ein unge=
heuer groß gedruckter Anschlagzettel eine Da=
men=Schwimmschule an, und lud die Herren
zum Zusehen und Bezahlen ein.

Ungefähr denselben Eindruck machen die
Processionen der aus oder in die Auditorien
strömenden Theologen, die ihre jungen Ge=
stalten und muntern Gebärden in mönchischen
Uniformen verhüllen, aber bei jedem Obstkorbe,
ausgehängten Kupferstiche oder hübschen Mäd=
chen in den vollgedrängten Straßen ihre
Schritte oder wenigstens ihre Gedanken auf=
halten. Das Sonderbarste ist, daß man ih=
nen weder den Stolz der Weltüberwindung,
noch den Harm der verbotenen Weltlust an=

sieht, woraus deutlich hervorgeht, daß sie
sich weder des einen zu rühmen, noch über
den andern zu beklagen haben. Nur die
Ligorianer besitzen oder affectiren den düstern
Ernst der Klosterzelle; aber eben darum machen sie kein Glück bei den lustigen Wienern.
Ich sah sie selten paarweise — denn so
gehen sie immer, um sich wechselsweise zu
bewachen, — über die Straße gehen, ohne
daß das Volk hintendrein sich über sie mokirte.
So ist es ein stehender Volkswitz in Wien,
daß wenn ein Ligorianer über den Josephs-
platz geht, auf welcher die Statue des Kaisers Joseph steht, man sagt, dem Kaiser
werde übel. Auch nennt man die Mechitari-
sten = Congregations = Buchhandlung vulgo die
Sakerments = Buchhandlung. Diese Versuche mußten in dem frohsinnigen Wien ihren
Zweck gänzlich verfehlen. Ich habe alle Ursache, an die religiöse Wärme der Wiener,
wie aller Oesterreicher, zu glauben, und ehre
sie hoch darum; aber ihre Religiosität hat

einen heitern und offenen Charakter. Die
stricte Observanz, das Cynische, die anacho-
retische Strenge lieben sie so wenig, wie die
Scheinheiligkeit und den süßlichen Pietismus; und auch darum können wir sie nur
ehren.

Eine auffallende Erscheinung in Wien
waren mir die vielen dreifarbig gekleideten
Frauenzimmer. Ich glaubte mich in einigen
Gesellschaften nach Straßburg zurück versetzt,
wo ich unmittelbar nach den Juliusereig-
nissen alle Damen dreifarbig gekleidet gesehen
hatte. Die Aehnlichkeit war um so über-
raschender, als diese Wiener Damen ebenfalls Weiß und Roth, und statt des Blau
nur das verwandte Grün trugen. Es waren Ungarinnen, die sich damals Alle darauf pikirten, ihre Nationalfarben zu tragen. Eine solche kleine, gar anmuthige
Magyarin sah ich im Paradiesgärtlein eines
Abends dem Fürsten von Metternich, dem
neuen Josua, der eben nachdenklich in die

finkende Sonne blickte, und sie festzuhal=
ten schien mit seinem stolzen Auge, zwi=
schen dieses Auge und diese Sonne treten,
und ihn kecklich anschauen, bis er mit einem
verachtenden Lächeln sich abwandte.

———

Siebentes Capitel.

Episodische Bemerkung über Proletairs und St. Simonianer.

———

Die Erinnerung an einige wallachische und slavonische Ecce = Homo's, die ich in Wien gesehen, veranlaßt mich zu folgender Betrachtung.

Wenn man jenes Menschen = Vieh ansieht, aus welchem die große Masse der Leibeigenen im slavischen Osten besteht, so wird man unwillkürlich von den sublimsten Feinheiten der Staatskunst zu ihren Rudimenten zurück geworfen, und die längst verschwundenen Jahrhunderte der Barbarei treten uns wieder so unmittelbar in die Gegenwart, daß sich uns die Furcht aufdrängt, es bedürfe noch

einer neuen zweiten Durcharbeitung des mensch=
lichen Geschlechts, bis jene zurückgebliebenen
Stiefbrüder den bevorzugten Brüdern nach=
kommen.

Diese Besorgniß erhält noch mehr Nahrung
durch eine verwandte Erscheinung im europäi=
schen Westen. Hier haben sich im Schoße
der politischen Cultur, wie durch eine Reac=
tion des überwunden geglaubten barbarischen
Princips jene Proletairs erzeugt, deren
furchtbare Massen jetzt in dumpfer Bewe=
gung sind, und den gebildeten Classen der
Gesellschaft Krieg ankündigen. Beide, die
Leibeigenen des Bodens im Osten, wie
die Leibeigenen des Gewerbes im Westen,
bilden ein Element im Staate, welches sich zu
den übrigen in einer unbequemen, gezwunge=
nen und durch die ihm inwohnende Kraft
höchst bedrohlichen Stellung befindet. Die
Trägheit dieses Elements hat bisher zur
Folge gehabt, daß es die Staatskünstler
kaum in ihre Berechnungen aufnahmen; erst

in neuerer Zeit hat die gleichsam unterirdische Bewegung in demselben die Regierungen und Parlamente erschreckt.

Was ist aber der Grund dieses neuen Schreckens? Nachdem die rein politische Revolution vollendet scheint, droht eine neue ökonomische und gesellschaftliche Revolution die Garantien derselben wieder in Frage zu stellen. Es ist nun dringend Zeit, diese Thatsache ins rechte Licht zu setzen.

Im Osten Europa's leben Millionen Menschen als Sklaven in der strengsten Bedeutung dieses Worts, und im Westen leben andere Millionen, die trotz ihrer politischen Freiheit sich beinahe in einer eben so schlimmen Lage befinden, indem die durch Uebervölkerung erzeugte Armuth sie hindert, von ihren politischen Rechten einen Genuß zu ziehen. Beide sehen sich gegenüber dem Glanz und Reichthum zu Schmutz und Hunger, gegenüber der Bildung, Kunst und Wissenschaft zur Rohheit und zur bloßen kärglichen Be-

friedigung des thierischen Nahrungstriebes
verdammt. Entspricht diese Thatsache dem
Bilde, das wir uns von einem vollkommenen
Zustande vom Staate machen? Oder wenn
wir, die Wohlhabenden und Gebildeten, uns
über die höheren Bedürfnisse jener Massen
täuschen, werden sie selbst sich länger täu=
schen? —

Von den Leibeigenen im Osten dürfen
wir annehmen, daß sie sich nach und nach un=
gefähr auf dieselbe Weise emancipiren werden,
wie sie sich im Verlaufe der Jahrhunderte im
Westen emancipirt haben. Dieß ist auf drei
Wegen möglich, durch Revolution von unten,
oder durch fortgesetzte Begünstigung der
Bauern von Seite der Autokratie gegen die
Aristokratie, oder durch den allgemeinen Fort=
schritt der Humanität und Civilisation. Ukasen
und Colonisirung in Rußland, der patrioti=
sche Aufschwung in Polen, die Dismembra=
tionen in Preußen und der Anwachs des
Mittelstandes in Oesterreich sind Vorberei=

tungen dazu. Am Ende aber kann man
sagen, daß diese östlichen Länder nur in der
Geschichte um einige Jahrhunderte zurück ge=
blieben sind, und daß sie einst da ankommen
werden, wo der Westen sich jetzt befindet.
Des Ostens künftige Geschichte ist vielleicht
und wahrscheinlich in der des Westens schon
vorgespiegelt.

Wichtiger ist uns daher der Westen mit
seinen Proletairs, deren Erscheinung ohne
Beispiel, deren Zukunft noch geheimnißvoll
verhüllt ist. Man würde sich täuschen, wenn
man in diesen großen Massen von Armen nur
das Product augenblicklicher und vorüber=
gehender Conflicte sehn wollte. Es ist wahr,
sie sind zum Theile dieses Product, indem
der Zusammenstoß alter und neuer Institu=
tionen und Tendenzen in unserm Jahrhun=
derte jenen ungeheuren Contrast wie der
Principe, so der Kräfte, wie der Geister, so
der physischen Vermögen erzeugt hat, unter
denen auch der Contrast der Armuth und des

Reichthums auffallend ist. Indeß sind die
Proletairs nicht nur eine Folge dieser besondern Zeitverhältnisse, die sich wieder ändern können, sondern zugleich auch eine Folge
allgemeiner Naturbedingungen, welche fortdauern werden, nämlich eine Folge der zu-
nehmenden Bevölkerung.

Wie auch immer Krieg, Pestilenz und
andere Uebel die Vermehrung der Menschen
aufhalten mögen, dieselbe nimmt doch mit
jeder Generation zu, und es ist der Mühe
werth, diese Thatsache ins Auge zu fassen
und Folgerungen daraus zu ziehen. Wir
beschäftigen uns vielleicht zu ausschließlich mit
der Vergangenheit und Gegenwart, und vergessen darüber die Zukunft, die sich dafür
vielleicht einmal durch Nichtachtung unsers
heutigen Treibens rächen wird, und durch
Spott über Berechnungen, in welche wir
sie nicht mit aufgenommen.

Die Zahl der Menschen vermehrt sich,
und wird sich in Verlaufe der Jahrhunderte

und Jahrtausende, der bisherigen weltge-
schichtlichen Analogie zufolge, in steigender
Progression vermehren. Zu gleicher Zeit
aber vergrößert sich der Boden nicht, und
wenn er ferner die rastlos sich mit sich selbst
multiplicirende Menschenmenge ernähren soll,
müssen große, durchgreifende Maßregeln un-
ausgesetzt das Mißverhältniß zwischen beiden
ausgleichen. Diese großen Maßregeln können
keine andern als folgende seyn.

So lange noch unbebautes Land übrig ist,
bleibt der Uebervölkerung ein Abfluß in dasselbe gesichert. Hieraus folgt das System
der Auswanderung, der Colonisirung.
Leider kann man es noch kaum ein System
nennen. Die Regierungen thun wenig oder
nichts, um die Auswanderungen zu regeln.
Die Menschen verlassen ihre Heimath einzeln,
oft ohne die erforderlichen Mittel, werden
von Betrügern übervortheilt, kommen oft in
Gegenden, wo ihre Hoffnung sie täuscht, und
wo sie zu Grunde gehn. Beispiele dieser

Art schrecken dann mit Recht Andere ab aus=
zuwandern, und so kommt diese Sache nie
recht in Gang. Es ist indeß zu erwarten,
daß in dem Maße, wie die Uebervölkerung
noch ferner zunehmen wird, auch besser für
die Auswanderung gesorgt werden wird, und
an Land fehlt es nicht, es sind noch unge=
heure Strecken des fruchtbarsten Erdreichs
unbebaut.

Es können aber auch in einem engen
Raume sehr viele Menschen beisammen leben,
wenn dieser Raum den höchsten Grad der
Cultur erreicht, dessen er fähig ist. Die
Art und Weise, wie in China der Boden
benützt wird, um eine unermeßliche Bevölke=
rung zu ernähren, gibt den Beleg dazu. Es
ist sogar nicht einmal nöthig, daß der eigne
Boden seine Bevölkerung ernähre; so lange
es noch so überaus fruchtbare Zonen gibt,
daß sie einen jährlichen Ueberschuß an Pro=
ducten liefern, wird dieser Ueberschuß in
minder glückliche Zonen abfließen, und da=

selbst gegen Kunsterzeugnisse verkauft werden.
Es kommt dabei nur auf die größtmögliche
Handelsfreiheit an, und, wie mich
dünkt, ist es bereits ein unumstößlicher Glau-
benssatz der Nationalökonomie, daß ein gänzlich freier Verkehr und Austausch von Allem
gegen Alles auch Allen gleich günstig sey,
und gleich sehr die Production wie die Fabri-
cation belebe.

Setzen wir nun aber den Fall, daß alle
Völker der Erde sich zu dieser Höhe erhöben,
so würde dennoch die launenhafte Glücks-
göttin neue Ausschließungssysteme, neue Mono-
pole durch die Concurrenz selbst erzeugen.
Die Erfahrung hat bereits dargethan, daß
gerade die größte Freiheit der Gewerbe und
des Verkehrs die Geldaristokratie begünstigt,
indem sie das Talent begünstigt, und dem
Glücke den freiesten Spielraum läßt. Trotz
der freigegebenen Concurrenz drückt nun der
große Unternehmer den kleinen nieder, schließt
der Reiche den Armen aus, und häufen sich
auf

auf der einen Seite die Schätze, während
auf der andern die kahlste Armuth in ewiger
Ebbe zurückbleibt. Unter diesen Umständen
nun tritt in Bezug auf die Aristokratie des
beweglichen Vermögens derselbe Fall ein, der
einst in Bezug auf die Aristokratie des
Grundbesitzes galt, und es wird, wenn ich
mich so ausdrücken darf, ein agrarisches
Gesetz des Geldes nothwendig.

Ein solches nun liegt im Sinne des St.
Simonianismus, und diese praktische Seite
der neufranzösischen Lehre ist bei weitem
wichtiger als die mystische. Ganz consequent
wollen die St. Simonianer das neue agra=
rische Gesetz nicht auf das Capital, sondern
auf den Zins angewandt wissen. Sie wollen,
das Capital soll der Gesellschaft allein ge=
hören, und dem Individuum nur der Zins,
und dieser Zins soll auf ein relatives Mini=
mum beschränkt werden, um möglichst gleich
auf alle Individuen vertheilt werden zu
können.

Dieß heißt mit andern Worten, die Confumtion nivelliren. Sie halten es mit Recht für ein grelles, die menschliche Würde und die Civilisation beleidigendes Mißverhältniß, daß ein Mensch täglich Tausende verschwenden dürfe, während ein Anderer kaum seine faulen Kartoffeln zu salzen vermöge; sie predigen es als ein göttliches Recht, als einen angebornen Anspruch der Menschen, daß Jeder einen mäßigen Antheil an den Gütern der Erde haben solle; sie halten es für eine zehrende Krankheit, ja für einen halben Selbstmord des menschlichen Geschlechts, daß wenige Glieder der Gesellschaft in geiler Ueberfruchtung, und viele andere dagegen in nahrungsloser Dürre verderben sollen. Sie kommen auf diese Weise zu den großen Ideen der alten Gesetzgeber zurück, die immer den ganzen Körper eines Volkes, oder der gesammten Menschheit im Auge hatten, und nicht bloß, wie die christlichen Gesetzgeber des Mittelalters das Seelenheil des Individuums,

oder wie die modernen Geſetzgeber, die ma=
terielle Staatsgewalt den Vortheil der Re=
gierungen auf Koſten der Völker.

Da dergleichen neue Lehren ganz unge=
rufen gekommen, aus Erfahrung und unab=
änderlichen Naturbedingungen entſprungen,
und auf allgemeine Naturgeſetze baſirt ſind,
ſo dürfen wir nicht zweifeln, daß dieſelben
beſtimmt ſind, in der Zukunft der Weltge=
ſchichte noch eine ſehr bedeutende Rolle zu
ſpielen.

10 *

Achtes Capitel.

Berühmte Männer. — Joseph von Hammer. — Montbel. — Graf Mailáth. — Die Wiener Dichter.

Da ich mich nicht in der Saison in Wien befand, so waren mehrere ausgezeichnete Männer, die ich gern gesehen hätte, abwesend. Indeß fand ich glücklicherweise gerade die berühmtesten zu Hause.

In Herrn Joseph von Hammer lernte ich einen der liebenswürdigsten Gelehrten Deutschlands kennen, einen Mann, der mit der tiefsten Gelehrsamkeit zugleich die feinste Weltsitte und ein warmes offenes Herz verbindet. Jedermann kennt seine unsterblichen Verdienste um die orientalische Literatur.

Bei seinem frühern Aufenthalte in Constanti=
nopel hat er mehrere hundert Manuscripte ge=
sammelt, zum Theil solche, die sich nicht ein=
mal in der Bibliothek des Sultans finden,
und deren Werth unschätzbar ist. Sein
unermüdeter Fleiß hat außer der berühmten
osmanischen Geschichte noch viele Ueber=
setzungen der ausgezeichnetsten morgenländischen
Dichtungen ans Licht geschafft, unter denen
Schirin und Baki obenan stehen. Allein
seine Bemühungen haben verhältnißmäßig
nicht genug Anklang gefunden. Seine Ueber=
setzung von Schirin ist nur Einmal aufgelegt
worden, und doch ist dieses göttliche Gedicht
an innerem Werthe dem Homer, dem Ossian,
den Niebelungen unbedenklich an die Seite zu
setzen. Es ist nicht schmeichelhaft für den Ge=
schmack der Deutschen und Europäer über=
haupt, daß sie der Nachahmung der Orien=
talen so viele Gunst zuwenden, während sie
die Originale unbeachtet lassen. Welches
Aufsehen hat nicht Thomas Moore's Lalla

Roofh gemacht; sie ist bereits drei= oder
viermal in Deutschland übersetzt worden, und
wie weit steht diese Nachahmung hinter Schi=
rin zurück, so weit wenigstens, als eine Per=
serin auf einer Londoner Redoute hinter einer
wirklichen Perserin. Was können die mo=
dernen christlichen Dichter Anderes thun, wenn
sie uns orientalische Bilder malen, als die
ältern ächten orientalischen Bilder copiren?
Welche andern Charaktere, Sittenzüge, Co=
stüme und Decorationen schildern sie, als die
wir ächter und weit schöner in den Originalen
selbst finden? Wozu also die Nachahmung?
Wahrlich, so wenig als ein enges Treibhaus
uns die Pracht und Frische eines orientalischen
Gartens gewährt, so wenig erreicht Goethe
den Hafis, Moore die Schirin, Platen den
Baki, Stieglitz die Moallakat. In neuerer
Zeit ist Herrn v. Hammers Bemühung auch
durch die neue Pariser Schule in Schatten
gestellt worden. Diese Schule geht einseitig in
den ältern Orientalismus zurück, und pflegt nur

des Indischen, Hinterasiatischen, Chinesischen mit unwürdiger Zurücksetzung des Arabischen, Persischen, Türkischen. Sie sieht im Islam nur Phantasterei, und sucht dagegen die Weisheit in der vormahomedanischen Periode. So schätzbar nun das Eine ist, so schließt es doch das Andere nicht aus, und gewisse Diatriben, die man von Paris aus gegen die gesammte mahomedanische Literatur hat vernehmen müssen, sind lächerlich.

Früher oder später wird, was Hammer so kräftig angefangen hat, fortgeführt werden, und die noch fast unbekannten, noch nicht übersetzten Schätze der mahomedanischen Literatur, die er in seiner Bibliothek bewahrt, werden mit der Zeit ans Licht befördert werden.

Aus seiner Bibliothek, wo in den arabesken Zügen vieler hundert orientalischer Handschriften die Geister des Südens wie im Bann des nordischen Zauberers schlummern, um dereinst wieder zu erwachen, — führte mich Herr von Hammer nach dem schönen Dorfe

Hacking, bei Schönbrunn, wo sein vieljäh=
riger Freund Meisl einen damals herrlich
blühenden Garten im ausgesuchtesten Ge=
schmack, und für einen Privatmann von fürst=
lichem Reichthum angelegt hat. Hier fand
ich die gastlichste Aufnahme, und Alles bestä=
tigt, was Hammer in folgendem schönem Ge=
dicht an den Besitzer gesagt hat:

Als wir vor einigen und vierzig Jahren
Gefährten auf dem Weg der Schule waren,
Ich ahnte nicht, daß die Liebhaberei
Von Garten und von Ost verwandt sich sey,
Und daß wir beide auf verschiednen Wegen
Uns kämen einst so nachbarlich entgegen.
Ich wanderte ins ferne Morgenland,
Mit Rednern und mit Dichtern Hand in Hand,
Und jeden Strauch sprach ich um Blüthen an,
Wie Saadi *) im Bostan und Gülistan.
Du weihest dich mit Liebe deinem Garten,

---

*) Saadi's Gülistan, d. i. Rosengarten, ist durch
Uebersetzungen in mehrere europäische Sprachen
bekannt, weniger sein Bostan oder Fruchtgarten,
der nicht minder poetischen und ethischen
Werth hatte.

Darinnen deiner Schöpfungen zu warten;
Ich fand dich steuernd deinen Lebenskahn,
Als Saadi im Bostan und Gülistan.
Zu Hacking, wo von sanften Hügels Brauen,
Von Dörfern eine Pleias *) ist zu schauen.
Erhebt die Villa sich, die mir zu Wien
Vor vielen einer röm'schen ähnlich schien.
Dort riefest du hervor die Zauberschatten,
Wo Laubesblätter sich mit Nadeln gatten;
Die Pinie, die sich Amerika erkor,
Mit Asia's und Europa's Flor;
Olivenbaum als blasse Schönheit strahlet,
Der Tulpenbaum mit Wangen hoch bemalet.
Die Hangeweide still dem Teiche lauscht,
Die Esche hoch empor in Lüfte rauscht.
Grüß euch Dryaden und Hamadryaden!
Euch ist der Tempel, wie das Bad Najaden,
Den Nymphen Spiegelgrotte hergeweiht,
Wo Spiegel Licht dem heil'gen Dunkel leiht.
So fiel, als einst die Schöpfungen noch schliefen,
Das Licht der Gottheit in des Chaos Tiefen;
Wann diesen wirft zurück des Innern Spiegel,
So schließt er auf für andre Welt den Riegel,
Wo die Kastanie thürmt, ist Weltenschau,
Die luegt in Feld und luegt in die Au.

*) Hütteldorf, Baumgarten, Penzing, Hietzing,
  St. Veith, Lanz, Hacking.

Wie Aussicht froher Jugend schön begränzt
Auf Schönheitsborn mit *) Glorien umkränzt.
Doch oft vermengt sich auf des Lebens Flucht,
Wie dort die Aussicht auf die grüne Flucht.
Was sollen wir den Flug nach Außen nehmen.
Es fehlt im Inneren nicht an Haremen
Der Rosenwangigen im Gülistan,
Das deines Gartens Zaubertalisman,
Dort blühen dir die sieben Blumenfloren
In schöner Jahreszeit, die sieben Horen,
Wie sie mit Lichtgewändern angethan
Den Kreis ziehn um der Sonne Viergespann.
Die Hyacinthen, Flieder, Tulpen, Rosen,
Der Mohn, die Nelken und die Herbstzeitlosen,
Die Hyacinthen öffnen dir das Jahr,
Als schöne Griechinnen mit krausem Haar,
Die prächt'gen Tulpen folgen und die Flieder.
Schneeballen halb umhüllt von grünem Mieder;
Die Perserinnen blühn im Gülistan,
Die Nelkenbräute sendet Hindostan.
Mit Amboina's Düften reich befrachtet,
Und von Mohnblumen dennoch stolz verachtet;
Zeitlos' und Astern machen den Beschluß
Als Reisepaß, weil Sommer reisen muß.
Wie Blumenflor auf Flor vorüberglühen,
So müssen Sternenfloren auch verblühen,

_____

*) Schönbrunn mit der Gloriette.

Im großen Jahreskreis der Ewigkeit,
Dem Ewigen als Blumenflor geweiht.
Laß' uns, o Meisl, der Blumen Sterne leuchten,
Bis warme Thränen unfren Staub befeuchten,
Und wir erblühn in neuer Herrlichkeit,
Im schönen Garten der Unsterblichkeit.

Herr von Hammer führte mich unter an=
dern auch bei der Gräfin Rosalie Rzewusky,
gebornen Fürstin Lubomirsky, einer edlen Po=
lin ein, welche sich in ihren Mußestunden da=
mit beschäftigte, meine Schrift über die deut=
sche Literatur ins Französische zu übersetzen.
Sie stellte mir einen Herrn in mittleren Jah=
ren vor, der ihr, wie sie sagte, als geborner
Franzose dabei behülflich sey. Es wa Herr
von Monthel, in dem ich bei dieser Gele=
genheit einen einfachen und rechtschaffenen
Mann kennen lernte, der sich bewußt war,
nicht ein Verbrechen begangen, sondern nur
ein Opfer gebracht zu haben. Allein es gibt
Fälle, wo es ein Verbrechen wird, ein Opfer
zu bringen. Wer die Rolle eines der Nation
verantwortlichen Ministers übernimmt, muß

die Dienstbegriffe des ancien régime able=
gen, und die Constitution verbietet ihm nicht
weniger die Tugenden als die Laster jenes an=
cien régime. Die Privattugenden des Herrn
von Montbel sind übrigens auch von seinen
strengsten Richtern und grimmigsten Feinden
anerkannt worden. — Die Frau Gräfin
Rzewusky erlebte während meiner Anwesen=
heit den Schmerz, einen ihrer in Polen für
die Sache des Vaterlandes kämpfenden Söhne
zu verlieren. Diese geistreiche Dame und
ihre schöne trauernde Tochter erschienen mir
als würdige Repräsentantinnen des alten und
neuen Polens, heroisch und höchst edel.
Doch dieser Adel des Wesens ist mir bei meiner
frühern häufigen Bekanntschaft mit Polen
fast überall entgegen getreten, und ich kenne
keine Nation, die sich in ihren Individuen so
vortheilhaft ankündigt.

Was Herr von Hammer für den maho=
medanischen Osten, das hat Graf Johann
Mailáth für sein Vaterland Ungarn gelei=

stet, indem er uns dessen Geschichte und Poesie
zugänglich gemacht hat. Sein großes Ge-
schichtswerk über Ungarn steht der osmanischen Geschichte von Hammer würdig zur
Seite, so wie seine magyarischen Sagen und
Gedichtsammlungen den poetischen Uebersetzungen des Erstgenannten. Auch vereinigt Graf
Mailáth in seiner Person die seltensten Vor-
züge. Nicht leicht wird man einen so geistreichen Gesellschafter finden, und ich rechne
die Stunden, die ich mit ihm namentlich auf
Ausflügen in die Umgebungen Wiens zuge-
bracht habe, zu den vergnügtesten. Dabei
muß ich bemerken, daß das Gedächtniß dieses
in so vieler Hinsicht außerordentlichen Mannes
an das Wunderbare gränzt, und er hat mich
versichert, daß diese seltene Naturgabe in seiner Familie erblich sey.

Es wird vielleicht nicht allen Lesern bekannt seyn, daß sich vor Jahren der größte
Theil der in Wien lebenden Dichter, Künstler, Schauspieler, die sich durch Geist und

Talent auszeichneten, in eine harmlose Ge=
sellschaft vereinigten, welche den Namen der
Ludlamshöhle erhielt, und worin der ächte
Wiener Humor in fesselloser Fröhlichkeit vor=
herrschte. Aber die bloße Form einer ge=
schlossenen Gesellschaft reichte hin, die Lud=
lamshöhle der hohen Polizei verdächtig zu
machen, und urplötzlich wurde sie mit dem
Siegel der Salomonischen Weisheit auf ewige
Zeiten verschlossen, und die Mitglieder muß=
ten Urfehde schwören. Seitdem sehen sich
die lustigen Leute nur, wie es der Zufall mit
sich bringt, und in vereinzelten Abendgesell=
schaften; allein die Lustigkeit hat man ihnen
doch nicht verbieten können. Auch war es
mir erfreulich, die Bemerkung zu machen,
daß sich die Wiener Literatoren weit besser
unter einander vertragen, als dieß an den
meisten andern Orten in Deutschland der
Fall ist. Von offener Feindschaft fand ich
keine, von heimlicher Eifersüchtelei nur
schwache Spuren, und dieser Geist der Ver=

träglichkeit macht den Wiener Talenten alle Ehre.

Baron Zedlitz und der noch jüngere treffliche Dichter Graf Auersperg befanden sich gerade nicht in Wien. Ich hatte sie beide aber schon früher in Stuttgart kennen gelernt. Der berühmte Trauerspieldichter Grillparzer war mir eine neue Bekanntschaft und sehr interessante Erscheinung. Obgleich ich ihn wie alle andern Schicksalstragöden in meinen Kritiken feindselig behandelt, machte dieß doch in unserer Begegnung keine Störung. Er schien den Motiven meiner Kritik eben so viele Gerechtigkeit widerfahren zu lassen, als ich den Motiven seiner Poesie, wie verschieden sie auch immer seyn mögen. Man muß in der That in der Beurtheilung österreichischer Dichter billig seyn. Was ich den Müllnern, den Houwalds nimmer vergebe, erscheint unter ganz anderer Bedingung bei einem österreichischen Dichter. Wenn

man bedenkt, daß in Oesterreich unter dem
Drucke der Censur die Poesie nie recht frei
ihre Schwingen hat entfalten können, und
daß auf der andern Seite die glänzenden
Muster der nord= und westdeutschen Dichter,
allzublendend auf Oesterreichs Dichterjugend
wirkten, so darf man sich nicht wundern, daß
sie nur in der harmlosen Lustigkeit originell
erscheinen, im Ernsten und Tragischen aber
meist nur als schwache Nachahmer ihrer glück=
lichern Vorbilder. Offenbar hatte Grill=
parzer, der durch und durch ein ächter
Oesterreicher ist, bei weitem mehr Anlagen
als Theodor Körner, oder Collin, ein öster=
reichischer Schiller zu werden; aber wie
wurden ihm seine Ideale verkümmert! was
blieb von seinem warmen Patriotismus übrig,
wenn er jeden Gedanken an Freiheit ein für
allemal davon ausschließen mußte! Er weiß
es vielleicht selbst nicht, aber mir scheint der
geheime Grund seiner für einen Oesterreicher
ungewöhnlichen Melancholie in dem Mißver=

hält=

hältniſſe ſeines eigentlichen Berufes und ſeiner
Stellung zu liegen. Geboren, der tragiſche
Dichter ſeiner Nation zu ſeyn, darf er doch
die wahrhaft tragiſchen Geſtalten der Geſchichte
und das geheime Wehe unter den Bildern
des Glückes nicht berühren, und muß ſich
eitle Truggeſtalten ſchaffen, welche die tolle
Luſt des Leopoldſtädter Theaters unter ſeinen
Augen unwillkürlich gleich wieder traveſtirt.
Er kann nicht luſtig ſeyn mit den Luſtigen,
und darf nicht traurig ſeyn, oder darf es nur
nach vorgeſchriebener Form ſeyn. Da er uun
ſeiner ächten Oeſterreicher Natur zufolge ehr-
lich und treu, es für unrecht oder gar wider-
lich hält, ein Malcontent zu ſeyn, ſo ſcheint
er es ſich noch gar nicht einmal überlegt zu
haben, was er eigentlich als der tragiſche
Dichter ſeiner Nation zu thun habe. Es
ſcheint ihm noch nicht einmal eingefallen zu
ſeyn, daß ſeinem großen Talente tragiſche
Helden, wie Ziska, Wallenſtein, Ragoczi,
Tökely, Hofer und Spekbacher beſſer zuſagen

würden, als die Ahnfrau, Sappho, Ottokar und der treue Diener seines Herrn.

Die tragische Muse will den gekrönten Häuptern nicht schmeicheln, sie will ihnen nur Lehren geben, und das darf sie in Oesterreich nicht.

Professor Deinhardstein, der mich schon in Stuttgart besucht hatte, erwies mir gastfreundlich jede Gefälligkeit. Auch um sein schönes Talent thut es mir aufrichtig leid, daß er als Redacteur der Wiener Jahr= bücher und als Hofdichter seinen gelehrten wie politischen Productionen eine allzu strenge Censur selbst auferlegen muß.

Braun von Braunthal ist eine ei= genthümliche Erscheinung in Wien, da er gewissermaßen den Berliner mit dem Wiener verbindet, und ohne im geringsten die Ber= liner Hungerleiderei und Windbeutelei den reellen Genüssen des Wiener Lebens vorzu= ziehen, doch den feinern und spirituellern Geschmack Berlins auf die reizende Natur=

füße Wiens anzuwenden sucht. In dieser
Subject=Objectivität, die den nord=süßlichen
Patriotismus so schön identificirt, sind wir
uns auch augenblicklich freundlich begegnet.

Es war mir sehr interessant, noch zwei
junge Wiener Dichter kennen zu lernen, die
in gerader, offener Biederkeit ganz so wie
Grillparzer den österreichischen Nationalcha=
rakter aussprechen, aber nicht ernst oder ver=
finstert sind, wie dieser, sondern so heiter
wie der junge Tag. Der erste, Herr von
Bauernfeld, besitzt ein sehr glückliches Ta=
lent für das Lustspiel, der zweite, Baron
von Schlechta, weiß sich das Leben selbst
zum Lustspiele zu machen, und ist ein wahres
Ideal von guter Laune und liebenswürdigem
Witze.

In Gesellschaft dieser beiden Herren, und
des Grafen Mailath, besuchte ich den alten
Dichterveteranen Castelli auf seinem Land=
sitze bei Wien. Er und kein anderer ist der
wahre deutsche Anakreon. Gleim in seinem

11 *

Hüttchen war viel zu pedantisch und senti=
mental dazu, und nur wer so ganz fern von
Pedanterei ist, wie Castelli, darf noch Rosen
im grauen Haare tragen. Wir brachten in
seinem Garten einen herrlichen Abend zu,
unter unauslöschlichem, fröhlichem Gelächter,
in das alle Geister der Ludlamshöhle einzu=
stimmen schienen. —

Werfen wir einen Blick auf die Geschichte
der Dichtkunst in Oesterreich, so können sich
uns die üblen Folgen des Censurzwanges frei=
lich nirgends verhehlen. Während die Poesie
in West = und Norddeutschland unter dem
Schuße des Protestantismus, der Reichsun=
gebundenheit oder selbst aufgeklärter Fürsten
gleichen Schritt mit der wissenschaftlichen
Ausbildung der höhern Stände hielt, zog sie
sich in Oesterreich als eine Verbannte in die
Gebirge und unter das niedere Volk zurück,
wo die schöne Königstochter bis auf diesen
Tag als Volkslied oder Sage lebt. Was
sich dagegen unter der gebildeten Classe in

Oesterreich als Poesie kund gegeben hat, war
geraume Zeit nur der schwache Widerschein
nord = und westdeutscher Poesie. Pater
Abraham a Santa Clara, der übrigens kein
Oesterreicher, sondern ein Schwabe war,
steht am Ende der alten barbarischen Zeit.
Denis dagegen steht am Eingange der neuen
Zeit. Denis war aber nicht mehr als ein
schwacher Widerschein Klopstocks. Dann
kamen Sonnenfels, Alxinger, Blumauer
als Widerscheine Wielands, dessen Geist und
Feinheit sie nie erreichten; dann Collin als
Widerschein Schillers. Nirgends in Oester=
reich stoßen wir auf einen großen originellen
Dichter, der anstatt eine fremde Manier
nachzuahmen, seine eigene begründete. Nur
die Dichter des Leopoldstädter Theaters machen
davon eine ehrenvolle Ausnahme; ihre Poesie
aber steht auch der früher mit Unrecht ver=
achteten Volks= und Sagenpoesie weit näher,
als der vornehmen modernen Poesie. Daß
sich nun große und originelle Talente nur in

jener niedern Sphäre entwickeln könnten,
daran ist nichts Anderes Schuld als der
Geistesdruck, der so lange über Oester=
reich lag.

Erst in neuester Zeit — und schon bloß
einzige Zeichen deutet auf eine große Umge=
staltung der Dinge — in neuester Zeit fangen
die österreichischen Dichter an, in gleicher
Linie mit den übrigen Deutschen aufzutreten,
und zwar nicht bloß, weil die letztern sich
allmählich etwas verkleinert haben, sondern
weil wirklich Oesterreichs junge Muse in die
Welt tritt, und aus einer schüchternen Schü=
lerin eine sich fühlende Schönheit des Tages
wird und einen lieblichen Reiz nach dem
andern entfaltet.

Daß diese junge Muse ihre Erstlinge dem
Servilismus zum Opfer bringt, ist freilich
wohl natürlich und nicht anders zu erwarten.
Ist denn nicht überhaupt in jeder Kunst et=
was Athleten= und Hetärenmäßiges, das sie
gern ins Gefolge des Despotismus bringt,

und sind nicht eben darum Horaz und Goethe
so wahr, weil sie den angebornen Royalis=
mus und Servilismus des Dichters so wenig
verhehlen? Was nun von aller Kunst über=
haupt gilt, wie sollten wir es besonders in
dem Falle der jungen österreichischen Muse be=
klagen? Wenn selbst die protestantische, über=
aus altkluge und wirklich schön alte, sich höchst
frei dünkende und wirklich unabhängige Muse,
die eine keusche Minerva scheinen will und
es wirklich seyn könnte, dennoch keinem gnä=
digen Blicke, keiner vornehmen Vertraulich=
keit widerstehen kann, und beständig mit dem
gichtbrüchigen und hypochondrischen Despotis=
mus kokettirt, wie sollte die junge österreichi=
sche Muse, die wie in einem orientalischen
Harem in den Sitten und Gewohnheiten
einer üppigen Sklaverei erzogen ist, einem
Despotismus widerstehn, dessen Autorität sie
nie bezweifelt hat, der ihr natürlich und noth=
wendig erscheint, uud der auch noch nicht
gichtbrüchig und hypochondrisch, sondern, wenn

ich so sagen darf, ein Despotismus ist, der noch Waden hat?

So dürfen wir uns denn über die servile Tendenz in „dem treuen Diener seines Herrn" vom Grillparzer, in „dem Stern von Sevilla" von Zedlitz, in „Hans Sachs" von Deinhardstein 2c. nicht wundern. Was thaten die Dichter und Maler unter Lud= wig XIV Anderes? Auch sie malten alle Tu= genden und Künste allegorisch zu den Füßen des Thrones. Nur, — und das spricht für den feinen Geist der österreichischen Dichter — nur etwas raffinirter ist der letztern Schmeichelei. Unter Ludwig XIV legten die Minister dem Könige ihre Talente zu Füßen. Grillparzer läßt den treuen Diener seinem Herrn seine Tugend zu Füßen legen. Unter Ludwig XIV brachten die Generale dem Könige ihren Ruhm zum Opfer, Zedlitz läßt seinen Ritter dem Könige die Ehre zum Opfer bringen. Unter Ludwig XIV machten sich die Künstler ihre Geschicklichkeit bezahlt, Deinhardstein läßt

seinen Hans Sachs sein Herz bezahlt machen.
Die französischen Schmeichler sagten etwas
plump: Es gibt keinen König ohne Talent,
Ruhm und Kunstglanz; die österreichischen
Schmeichler sagen viel feiner: Es gibt keine
Tugend, keine Ehre und keine Kunstbegeister=
ung ohne König. Das kommt daher, weil
in Frankreich nur der Verstand schmeichelt,
in Deutschland aber das Herz.

Gerade diese Sophisterei des Herzens aber
beweist, daß die österreichische Poesie ihre
Unschuld bereits verloren hat. Wer nicht
alles verdammt, was nicht alt=römische Tu=
gend und rauher Republicanismus ist, kann
nur mit Lächeln und Behagen an die gute
alte Zeit in Oesterreich zurückdenken, an das
selige Land der Phäaken, darin es immer
Sonntag war, und der Braten immer am
Spieße sich drehte. Die Leopoldstädter Dichter
und der unvergleichliche Wenzel Müller, in sei=
nen so anspruchlosen, gutmüthigen und lieblichen
Melodien, spiegeln klar die Seele des treuen

Oesterreichers wieder in jener fröhlichen un=
schuldigen Zeit. Man fühlte sich unendlich wohl
beim Schmaus und Gelag, beim Schatzerl
und Tänzerl, und bei den arglosen Späßen
des Kasperl, und ging durchs Feuer für den
Franzerl, ohne zu fragen, warum? Man war
zufrieden, ohne darüber nachzudenken, und
die Schmeichelei für den geliebten Kaiser be=
stand in Handlungen der Hingebung, nicht in
studirten Worten, und in einer derben guten
Laune, nicht in einem ängstlichen Haschen
nach den feinsten Complimenten. Die neuern
vornehmern Dichter, denen die alte Weise
zu gemein erscheint, und die sich nun mit den
gesuchtesten Apotheosen des Despotismus ab=
quälen, zeigen nur zu sehr, daß in diesen
heitern Köpfen das Nachdenken erwacht ist,
und indem sie sogar die Unklugheit begehn,
gewisse politische Erscheinungen zu beschönigen,
so machen sie entweder erst auf die Gehässig=
keit derselben aufmerksam, oder beweisen, daß
man schon angefangen hat, darüber nachzu=

denken. Manches, was den Leuten schon
zur andern Natur geworden war, woran sie
gar kein Arg hatten, in dessen gefährlicher
Nähe sie wie Kinder am Abgrunde fröhlich
spielten, erschreckt sie jetzt, macht sie ernst
und nachsinnend.

Zugegeben also, daß die alte lange Täuschung der Oesterreicher eine glückliche war,
so mußte sie doch einmal anfangen aufzuhören,
und man müßte sie einmal als Täuschung erkennen, und der Geist des Dichters müßte
zuletzt in der bis zur Pein ausdauernden
Lustigkeit sich unbehaglich fühlen, und dem
St. Veitstanz entfliehen, die süße, doch zuletzt ermüdende Gewohnheit des in schwülen
Wollüsten dämmernden Venusbergs verlassen,
und zum erstenmal die freie Brust in der
Morgenluft baden. Der Dichter mußte, wie
Achill auf Skyros endlich die weibische Kleidung
abwerfen, und Schwert und Helm ergreifen.

Daß er es gethan hat, zeigen die „Spa-
ziergänge eines Wiener Poeten.“

Neuntes Capitel.

Littrow. — Die Sternwarte. — Betrach=
tungen über die Gestirne.

———

Professor Deinhardstein hatte die Güte,
mich zu dem Director der Sternwarte, Pro=
fessor Littrow, zu führen. Dieser durch
seine Schriften rühmlichst bekannte Astronom
ist eben so durch persönliche Würde und An=
muth ausgezeichnet, ein schöner, kräftiger
Mann. Seine Sternwarte fand ich nicht,
wie so manche andere, einsam, sondern wie
eine Werkstatt, in der emsige Augen und
Hände die exactesten Rechnungen vornahmen.
Es freute mich sehr, den Mechanismus, den
mir Littrow als den trefflichsten des ganzen
Institutes vorwies, schon vorher im Kleinen
an meinem eigenen Fraunhofer angewandt

zu haben. Warum, muß ich schmerzlich
fragen, hat Deutschland das große Talent
Fraunhofers so wenig zu benutzen verstanden? Sein größtes Instrument ist an Rußland nach Dorpat verkauft worden, und
Struve macht mit demselben Entdeckungen,
die man in Wien, Berlin und München machen sollte. Keine deutsche Regierung hat
ihm Aufträge ertheilt zu so großen Arbeiten,
und nun er todt ist, ist es zu spät. Ich will
den spätern Utzschneider'schen Gläsern ihre
Verdienste nicht absprechen, aber so weit ich
dieselben kenne, habe ich allerdings einen Un-
terschied zwischen denselben und den alten
Fraunhoferschen Gläsern gefunden, und ohne
mir anzumaßen, allein hierüber urtheilen zu
wollen, sind doch viele namhafte Sachkenner
darüber mit mir einverstanden.

Die in London erfundene Combination
eines grünen und eines violetten Glases, um
dadurch die Sonne im weißen Lichte zu sehen,
fand ich in Wien noch nicht; empfehle sie da-

her, bei dieser Gelegenheit allen Freunden der Sternkunde, weil man die Flocken der Sonnen-Atmosphäre, die Umrisse der Scheibe und die Flecken durch kein gefärbtes Glas so deutlich sehen kann, als durch das weiße.

Es sey mir erlaubt, hier einige Betrachtungen über die Sterne episodisch einzuschieben. Ich bekenne, daß ich mit diesen Wesen in einem vertrauten Verkehre stehe, und daß es mir unbegreiflich scheint, wie diese größten und schönsten aller Naturwunder im Allgemeinen so wenig Eindruck auf die Menschen machen.

Wer denkt an die Sterne? Von der Feldarbeit und aus der Werkstatt, vom Wirthshause und aus dem Theater stolpern die Menschen unter dem diamantenen Schilde des Himmels hinweg in ihre Betten, und wer sieht nach oben? Der Verliebte, der unter dem Fenster schleicht, der Dieb auf der Leiter, der Soldat auf der Schildwacht, der Nachtwächter in seiner Pelzkappe, der Postillon auf sei-

nem Gaul, sie Alle denken an nichts weniger
als an die Sterne, obgleich sie in der ganzen
weiten Nacht nichts sehen, als Sterne. Sie
könnten eine Himmelscharte aus dem Gedächt=
nisse hinzeichnen, so oft haben sie die Sterne
gesehen, und doch kennen sie außer der Sonne
und dem Monde höchstens den Abendstern,
und wissen ihn von andern Sternen zu unter=
scheiden. Außer den Astronomen von Pro=
fession, deren mathematische Rechnungen aber
kein Anderer versteht und liest, bekümmert
sich etwa hin und wieder ein Dichter um die
Sterne, um ihnen seine Liebesseufzer zuzu=
schicken, oder sie mit den Augen seiner Ge=
liebten zu vergleichen. Ein frommer Land=
pfarrer oder Schulmeister macht seine Kinder
darauf aufmerksam, daß die Sterne ein Be=
weis göttlicher Allmacht seyen, und wiederholt
den alten Spruch:

O Gott, aus deinen Werken
Kann ich dein Daseyn merken.

Endlich erschrecken zuweilen die Leute,

wenn sie gelegentlich hören, daß die Sterne
so und so viel Millionen, Billionen, Trillio=
nen Meilen weit entfernt seyen, ergötzen sich
an den großen Zahlen, und meinen, es ließe
sich erstaunlich viel dabei denken; aber sie
denken doch nichts dabei, und wenn sie dann
im Schiller lesen: „Im Raum, Freund,
wohnt das Erhabne nicht!" so sagen sie, es
ist auch wahr, und lassen es gut seyn.

Wir sind insolent und undankbar gegen
die freundlichen Augen der Nacht, die müt=
terlich unsern Schlummer bewachen. Aber
was hülf es auch, wenn die Menschheit
etwa ein astrologisches Fieber bekäme, und
wir Alle unsere Hälse zum Nachthimmel em=
porreckten? Wir würden doch so wenig da=
von begreifen, wie die Frösche von der Sonne,
wenn sie sie im Frühling aus allen Sümpfen
anquacken.

So vollbringe denn Jeder seinen Abend,
wie es ihm am besten dünkt. Nur der, der
gerade nichts Besseres zu thun weiß, als
ans

ans Fenster zu treten und den Sternen seine
Langeweile zuzugähnen, will ich eingeladen
haben, sich mit mir auf den Luftballon der
Phantasie zu setzen und eine kleine Excursion
in die Unendlichkeit zu machen.

Die Sonne mit all ihren Planeten lassen
wir hinter uns. Wir wissen, daß im alten
Hause Jakobs eilf Söhne sind, wozu der
zwölfte wohl einmal in Aegypten gefunden
werden wird. *) Der menschliche Geist ist
majorenn geworden. Er tritt aus dem Va=
terhause, aus den engen Banden des Fami=
lienkreises heraus und stürzt sich ins Gewühl
des Lebens. Der sonst so ehrwürdige Vater,
der uns Alles war, erscheint nur noch als ein
gewöhnlicher Mann unter andern Männern.
Die Sonne ist nur noch ein gewöhnlicher
Stern unter andern Sternen, und wir ver=

---

*) Wenn nicht etwa der bekannte Enke'sche Komet
schon wirklich als der zwölfte Planet betrachtet
werden muß.

geſſen ſie im himmliſchen Heere von vielen
tauſend Sonnen.

Man war ſonſt immer der Meinung, der
Sternenhimmel ſey nur eine ſchöne Decora=
tion der Erdenbühne, nur das Zelt oder der
Königsmantel Jehovahs, über dem gelobten
Lande ausgeſpannt, oder eine eherne Mauer
mit Löchern, durch welche das himmliſche
Feuer wie durch ein Sieb hindurch blitzt, oder
etwa gar eine Menagerie von altorientaliſchen
Göttern, davon noch zum Theil die Stern=
bilder übrig ſeyen; rieſenhafte Drachen, Lö=
wen, Lämmer, Stiere ꝛc., die rings die
ſchöne Erde wie eine verwünſchte Prinzeſſin
umlagern.

Man hat in der jüngſten Zeit entdeckt,
daß man in der älteſten Zeit ſehr richtige Vor=
ſtellungen von dem Firſternhimmel, wie von
dem Sonnenſyſteme gehabt, und daß nur die
mittlern Zeiten bis zu dem Unverſtande und
Dünkel herabgeſunken ſeyen, die Erde für den

Kopf, den Himmel bloß für die Mütze des=
selben zu halten.

Der Irrthum ging so weit, daß Coper=
nicus und Kepler erst beweisen mußten, die
Erde sey nicht der Mittelpunkt des Sonnen=
systems, sondern nur ein um die Sonne krei=
sender Punkt, ehe Herschel weiter beweisen
konnte, daß auch die Sonne nicht der Mittel=
punkt der Sternenwelt, sondern nur ein —
Gott weiß, in welchem Winkel schamhaft ver=
borgenes Sternchen sey.

Der König auf seinem Throne kann sich
vom Hündchen eines Bettlers nicht mehr un=
terscheiden, als die Erde, wie man sie sich ehe=
mals im Herzen des Weltalls dachte, von der
Erde, wie sie jetzt zum Nachläufer eines klei=
nen Sterns degradirt ist. Das soll uns in=
deß nicht demüthigen, sondern eher noch stol=
zer machen. Ein Weltbürger ist immer noch
mehr werth, als ein Bürgermeister in Kräh=
winkel. Lieber Hintersaß in Rom, als Zaun=
könig in Abdera! Nicht die Scholle macht

uns groß, auf der wir stehen, nur der Blick,
mit dem wir das Unendliche messen.

Unser Gesichtskreis ist durch künstliche
Mittel ungemein erweitert worden. Das
bloße Auge entdeckt nur die nächsten Firsterne,
nur den nächsten Sternhaufen (die Milch=
straße). Mit den kleineren Fernröhren vor
Herschel beobachtete man hauptsächlich nur
Sonne, Mond und Planeten. Erst Herschel
untersuchte mit seinem Riesenteleskop die Fir=
sternwelt sorgfältiger als bisher, und wandte
die Aufmerksamkeit vom Sonnensysteme auf
diesen weit größeren und wichtigeren Theil der
Sternkunde.

Das Riesenauge, mit dem er in das Rie=
sengebirge des Welthimmels sah, schloß unse=
rer Erkenntniß neue Welten auf. Diese Er=
kenntniß wurde noch mehr erweitert, als Fraun=
hofer in München die Fernröhre zu noch höhe=
rer Vollkommenheit brachte, und der von
ihm verfertigte Riesenrefractor von Struve in

Dorpat mit rastloser Thätigkeit zu neuen Ent=
deckungen benutzt wurde.

Diese Fortschritte sind binnen sehr kurzer
Zeit gemacht worden, und es ist nicht un=
wahrscheinlich, daß die Folgezeit noch weiter
fortschreiten wird. Die Kunst der Optik hat
ihre äußerste Gränze noch nicht erreicht. Die
Fernröhre können möglicher Weise in noch
höherem Grade verbessert werden. Die Seh=
kraft des Auges kann noch viel weiter tragen,
wenn sie unterstützt wird. Im menschlichen
Organ scheint wenigstens keine absolute Gränze
gezogen. Ja selbst, wenn mechanische Mittel
nichts weiter ausrichten, gibt es nicht noch
organische, gibt es nicht eine ursprüngliche
Sehkraft in uns, die weiter sieht, als alle
Fernröhre, die solcher äußern mechanischen
Hülfe gar nicht bedarf. Schon vor fünf und
zwanzig Jahren ahnete der geniale Görres*),
die höhere m a g n e t i s c h e Sehkraft könne noch

*) Exposition der Physiologie, S. 27.

für die Astronomie wichtig werden, und diese Ahnung scheint gewissermaßen schon erfüllt durch das, was uns Dr. Kerner *) von seiner berühmten Seherin berichtet. Er sagt: „Legte die Somnambüle einen magnetisirten Stock, an welchem vorn eine Spitze von Eisen war, an ihr rechtes Auge, und richtete ihn auf irgend einen entfernten Gegenstand, so vergrößerte er ihr denselben äußerst. Der kleinste Stern erschien ihr dann in der Größe des Mondes.“

Auf der Stufe nun, auf welcher die Astronomie jetzt steht, wissen wir von dem, was jenseits unsers kleinen Sonnensystems liegt, oder vom Fixsternhimmel, Folgendes:

Der ganze Himmel ist übersäet mit einzelnen Sternen, die man Fixsterne nennt, weil sie unveränderlich an demselben Orte bleiben. Sie haben ihr eigenes Licht, wie die Sonne, und müßten uns als Sonnen er-

---

*) Seherin von Prevorst. Theil I. 148.

ſcheinen, wenn ſie uns näher ſtänden, ſo wie
uns die Sonne nur ein Firſtern ſcheinen
würde, wenn ſie weiter von uns abſtände.
Da ſie die feſte Stellung und das eigene Licht
mit unſerer Sonne gemein haben, ſo vermu=
thet man nicht ohne Grund, daß ſie auch, wie
unſere Sonne, von dunkeln Planeten und
deren Monden begleitet ſeyen, die wir nur
wegen ihrer großen Entfernung und Kleinheit
nicht ſehen können.

Alle dieſe Sterne ſind an Größe ſehr ver=
ſchieden, daher man ſie in Sterne von erſter,
zweiter, dritter ꝛc. Größe eintheilt. Dieſe
Verſchiedenheit iſt entweder eine phyſiſche,
d. h. ein Stern iſt wirklich größer als der an=
dere, oder eine optiſche, d. h. ein Stern er=
ſcheint uns nur größer als der andere, weil er
uns näher iſt. Noch merkwürdiger iſt die
Verſchiedenheit der Farbe, die wir an den
Sternen ſchon mit bloßem Auge, und noch
deutlicher durch die Fernröhren wahrnehmen.

Am häufigſten kommen die Firſterne vor,

die ein ganz reines weißes Licht haben, aber
diese theilen sich schon in solche, die wie
Sirius und Capella ein sehr starkes brillanti=
rendes Licht, oder wie Wega einen mehr blei=
chen Silberglanz haben. Dann folgen die
Sterne, deren Weiß sich entweder mit einem
gelben oder mit einem blauen Schimmer
mischt, die auch noch sehr zahlreich sind. Am
schönsten, aber auch am seltensten sind die ro=
then und orangefarbenen Sterne. Ziemlich
häufig dagegen bemerkt man Sterne, beson=
ders von der dritten Größe, die ein schmutzi=
ges Gelbbraun zur Farbe haben. Endlich
findet man unter den kleinsten Sternen auch
grüne und aschgraue, welche dieser Farbe we=
gen wenig ins Licht fallen. Unter den farblo=
sen weißen Sternen ist der schönste der Sirius;
unter den farbigen aber Antares im Herzen
des Scorpions. Das bunte Feuer dieses
Sterns, der in den Sommermonaten auf
kurze Zeit an unserem südlichen Horizont em=
porsteigt, übertrifft an Gluthkraft bei weitem

alle andern Sterne. Verrathen auch meh=
rere noch viel kleinere Sterne ein gleiches oder
vielleicht noch stärkeres Feuer, so sind sie
doch eben zu klein und fern, um so angenehm
auf unser Auge zu wirken.

Man hat ferner auch unter den Firster=
nen Veränderungen wahrgenommen, die
zwar sehr selten sind, aber doch von einer noch
thätigen astralischen Kraft zeugen. Einige
Sterne sind verschwunden, andere neu ent=
standen. Einige zeigen einen periodischen
Lichtwechsel, werden größer und heller, und
wieder kleiner und dunkler. Eine große Menge
endlich (nach Bessel unter 3000 nicht weniger
als 425 Sterne) zeigen trotz dem, daß sie
Firsterne heißen, eine Fortbewegung am
Himmel, die freilich nur so gering ist,
daß der, welcher unter allen bekannten am
schnellsten läuft (der 61ste Stern im Schwan)
doch in 400 Jahren nur um einen schein=
baren Durchmesser des Mondes weiter eilt.

Außer den einzelnen Sternen bemerken

wir am Himmel die sogenannten Doppel=
sterne, eine ganz eigenthümliche Gattung
von Sternen. Sie erscheinen dem bloßen
Auge, oder durch geringe Fernröhre gesehen,
als ein einzelner Stern; bei einer starken Ver=
größerung durch das Fernrohr aber treten sie
auseinander, und erscheinen als zwei Sterne,
die sich einander aber sehr nahe stehen, oft
nur um die Hälfte ihres eigenen Durchmessers,
und von dem der eine in der Regel etwas
kleiner ist, als der andere. Durch sorgfältige
Beobachtung seit Herschel, hat man ausge=
mittelt, daß einer um den andern sich bewegt,
obgleich jeder von beiden eine Sonne mit ei=
genem Licht ist. Bei einigen bewegt sich nur
ein kleiner Stern um den großen, bei andern
bewegen sich beide gegenseitig um einander.
Ja es gibt Doppelsterne, die aus drei Sternen
bestehen, welche sämmtlich einander umkreisen.
Diese Sterne sind auch zugleich in der Färbung
einander entgegengesetzt, dergestalt, daß der
eine bläulich, sein Nebenstern gelblich oder

grünlich, und dessen Nebenstern röthlich er=
scheint. Daß diese Gattung von Sternen
eine bedeutende Rolle am Himmel spielt, geht
unter Anderm auch aus ihrer großen Zahl her=
vor. Unter 120,000 Firsternen, welche
Struve untersuchte, entdeckte er mehr als
3000 Doppelsterne, darunter 52 dreifache
Sterne. Von der außerordentlich künstlichen
Combination ihrer Bewegung sagt Struve
selbst: „In unserm Kataloge kommen 52
dreifache Sterne vor, wo jeder dem nächsten
innerhalb 32 Minuten nahe steht. An dem
dreifachen Sterne Zeta im Krebs ist die Rota=
tionsbewegung der beiden kleinern in Bezug
auf den hellern schon aus den Beobachtungen
erwiesen. Der Stern Psy, der Cassiopeia
gibt uns ein Beispiel, daß zwei kleine unter
sich sehr nahe Sterne, bei einem dritten
hellern stehen. Ist hier eine Verbindung,
so müssen die beiden kleinen Sterne erstlich
um ihren Schwerpunkt laufen, dann dieser
den hellen Stern umkreisen. Ein dem Psy

und der Cafſopeia ähnliches Phänomen finde
ich noch dreimal verzeichnet. Noch merk=
würdiger iſt der Fall, wo zwei Doppelſterne
der erſten Claſſe ſo nahe ſtehen, daß man
kaum umhin kann, zu vermuthen, ſie ge=
hören zu einander. Dieſer Fall iſt von mir
dreimal bemerkt. Ein vierter Fall iſt ein
Doppelſtern erſter Claſſe, mit einem dritten
innerhalb einer Minute zuſammenſtehend, wo
alle Sterne gleich hell und von der achten
Größe ſind. Einen fünften Fall bietet das
bekannte Paar Nr. 4 und 5 der Leyer, je=
der fünfter Größe, dar, in einem Abſtande
von 3½ Minuten, jeder für ſich ein Doppel=
ſtern erſter Claſſe. Wer könnte daran zwei=
feln, daß wir hier Syſteme ſehen, wo jedes
Paar für ſich ſeinen Schwerpunkt umläuft,
und beide Paare um den gemeinſchaftlichen
fortrücken.‟

Die Doppelſterne bilden den Uebergang
zu den Sternhaufen. Der nächſte uns
allen mit bloßen Augen ſichtbar, iſt die Milch=

ſtraße, die entfernten ſind die zahlloſen, nur
durch Fernröhre ſichtbaren Nebelflecken, die
ſich bei ſtärkerer Vergrößerung in unzählige
kleine Sterne auflöſen. Struve zählte in
ſeinem Kataloge bis zum Jahre 1827 nicht
weniger als 2303 Nebelflecken am Himmel.

Nach welchem Geſetze übrigens dieſe Stern=
haufen gruppirt ſind, iſt bei der großen Ver=
ſchiedenheit ihrer Form und Dichtigkeit noch
nicht ausgemittelt.

Unter den Nebelflecken unterſcheiden einige
Sternkundige noch insbeſondere die ſoge=
nannten Lichtnebel, blaſſe Streifen in den
fernſten Himmelsräumen, an deren Form
man auch Veränderungen wahrgenommen
haben will. Schubert hat in ſeinem Werke:
„Die Urwelt und die Fixſterne‟ viel davon
geſprochen, und hält dieſelben Lichtnebel für
formloſe Anhäufung der Urmaterie oder des
Lichtäthers, aus denen ſich allmählich Sterne
oder Sternhaufen erſt bilden ſollen. Struve
dagegen ſagt, da alle Nebelflecken, welche

bisher durch unvollkommene Fernröhre be=
trachtet, als bloßer Lichtnebel erschienen sind,
durch seinen Riesenrefractor betrachtet, sich
in Haufen von kleinen Sternen aufgelöst
haben, so sey zu vermuthen, daß auch die
noch übrigen unaufgelösten Lichtnebel, durch
noch bessere Fernröhre betrachtet, wenn wir
solche hätten, sich als Sternhaufen zu erkennen
geben würden.

Dieß ist das Panorama des Himmels.
So weit kennen wir die Sterne aus dem
Augenschein. Aber dieser Augenschein reicht
nicht hin, uns die Räthsel der Sternenwelt
zu lösen; jede neue Entdeckung vermehrt viel=
mehr diese Räthsel. Wie billig wünscht der
Mensch, in dem Labyrinthe der Sterne sich
zu orientiren. Er wünscht zu wissen,
was für eine Figur die Sterne bilden? wo
etwa die Mitte zu suchen sey, wenn es eine
gibt? auf welcher Seite etwa unsere Sonne
und Erde zu stehen gekommen sind? kurz, er
will den Raum, wenigstens so weit er ihn

überſehen kann, wie eine Landkarte eintheilen,
und die Lage jedes Orts gegen den andern
beſtimmt angeben. Er will noch mehr, er
will auch wiſſen, wie die Sterne entſtanden
ſind? wie ſie beſchaffen ſind? was der Grund
ihrer äußern Verſchiedenheit iſt? welche
innern Verſchiedenheiten damit zuſammen-
hängen? ob und wie ſie im Verlaufe der Zeit
ſich verändern? ob und wie ſie mit andern
uns unſichtbaren, in der tiefſten Ferne des
Raums liegenden Sternſyſtemen zu einem
Ganzen verbunden ſind?

Vom Rieſenbaume der Welt ragt über
uns ein Zweig mit ſeinem vollen Blüthen-
überhange; von himmliſchen Gebirgen ſtürzt
über uns ein Staubbach mit unzähligen
Diamanttropfen. Wo wurzelt jener Baum?
wo entſpringt dieſe Quelle?

Je weniger man darüber Gewißheit erlangen kann, einen deſto freiern Spielraum
hat die Phantaſie in Hypotheſen, und wenn
man Träume nicht für mehr ausgeben will,

als für Träume, so darf man ja wohl träumen.
So lange die Wahrheit nicht gefunden ist,
muß die Geschichte der Irrthümer einiger=
maßen dafür entschädigen.

Ich will hier die interessantesten Hypo=
thesen zusammenstellen, und in ein kleines
System bringen.

Man springt immer von einem Extreme
zum andern. Sobald man erkannt hatte, daß
weder die Erde noch die Sonne der Mittel=
punkt des Weltalls sey, so sagte man gleich,
es gibt überhaupt keinen solchen Mittelpunkt.
Kaum war also das Copernicanische System
anerkannt; kaum fing man an, über die vielen
andern Sonnen jenseits unserer Sonne, über
die Fixsterne, zu philosophiren, so war auch
gleich die erste unter allen neuen Hypothesen
die, welche dem alten Glauben an einen
Mittelpunkt des Weltalls am meisten ent=
gegengesetzt war. Fontenelle, ein Schüler
des Descartes, erklärte in seinem berühmten
Werke über die Bewohnbarkeit fremder
Him=

Himmelskörper, daß in dem unendlichen mit
Atomen ausgefüllten Raum, die Atome auf
dieselbe Weise sich zu verschiedenen Sonnen
zusammen geballt haben, wie bei kaltem
Wetter die wässerigen Dünste zu Hagel=
körnern, und er sah im ganzen Himmel so
wenig eine Ordnung und einen Mittelpunkt,
als in einer Hagelwolke. Diese Ansicht hat
sich sehr lange behauptet, da sie dem Ma=
terialismns des vorigen Jahrhunderts ent=
sprach, weil sie im Himmel selbst die Gleich=
heit nachzuweisen suchte, die Gleichheit, die
fast alle philosophischen und politischen Rai=
sonnements des vorigen Jahrhunderts pre=
digten, die man in Nordamerika und in der
französischen Revolution praktisch einzuführen
versuchte. — Auch die bekannte mathema=
tische Bestimmung: Die Welt, der unendliche
Raum sey eine Kugel, in welcher j e d e r
Punkt Mittelpunkt sey, unterstützte diese
Ansicht.

Dennoch konnte man sich von der alten

Vorstellung, die Welt müsse einen Mittel=
punkt haben, nicht ganz losreißen. Diese
Vorstellung ist uns angeboren, wir müssen
immer darauf zurückkommen. Man konnte
nun aber, seit man wußte, daß sich die Erde
um die Sonne bewege, seit man wußte, wie
klein und gering unsere Erde sey, unmög=
lich zu dem alten Irrthume zurückkehren, sie
sey der Mittelpunkt der Welt. Auch die
Sonne konnte man nicht für diesen Mittel=
punkt halten, da man erkannte, daß die Fix=
sterne auf keine Weise von derselben abhängig
seyen, und da man mit Grund vermuthen
mußte, es gebe unter den Fixsternen viel
größere Sonnen als die unsere. Nunmehr
lag der Gedanke sehr nahe, die größte
Sonne am ganzen Himmel müsse die Central=
sonne, der Mittelpunkt des ganzen Weltalls
seyn. Das war der Gedanke unsers größen
Philosophen Kant, mit dem auch in anderer
Hinsicht die Reaction gegen den zur Mode
gewordenen französischen Materialismus be=

gann. Kant war aber nicht im Stande,
seine Ansicht durch die Erfahrung zu bestätigen.
Er glaubte im Sirius, dem Sterne, der
am stärksten glänzt, und uns am größten
scheint, die Centralsonne zu finden. Aber
man hat ihm mit gutem Grunde eingewendet,
Sirius scheine uns nur am größten, weil
er uns am nächsten ist.

Da man nun keinen Stern am ganzen
Himmel fand, den man zum Hauptsterne
hätte machen können, verfiel man auf den
Gedanken, der Centralkörper brauche ja nicht
sichtbar zu seyn, es könne ja eine unsicht-
bare Centralsonne seyn. Dieser Meinung haben Einige angehangen, sie ist aber
gar zu willkürlich, und da sie nie durch den
Augenschein bewiesen werden kann, gar zu
sehr auf den bloßen Glauben gestellt, als daß
sie sich irgend behaupten könnte. Nur Görres
hat sie auf eine geistreiche Weise zu rechtfertigen gesucht. Er sagt in dem schon angeführten Werke: „Der Centralkörper kann

13 *

eben, weil er einer höhern Ordnung an=
gehört, nicht im Sternenlichte glänzen, so
wenig wie die Erde Sonnenlicht von sich
strahlt. Es wäre die Frage: ob das Auge
nicht einer gleichen Steigerung fähig wäre,
daß es nämlich dem höhern Lichte erschlossen
würde, in dem Maße, wie es dem gewöhnlichen
erblindet? Ein solches Auge, ganz das
Gegentheil eines bewaffneten, das die Totali=
tät immer im Einzelnen sieht, würde alsdann,
wenn es an einen gestirnten Himmel hinauf=
blickt, nicht die Sterne für sich, sondern alle
nur in jenem höhern Sterne erblicken; ganz
allein wird die höhere Sonne in dem ver=
klärten Lichte am Firmamente stehen, und
in dem einen Schimmer würden die andern
Gestirne, wie der Mond im Sonnenscheine,
sich verlieren.‟

Die astronomische Ansicht von Görres
ist aber noch in anderer Beziehung sehr in=
teressant. Er sucht nicht bloß einen Mittel=
punkt, eine Einheit der Natur, er sucht auch

daraus die Anordnung, gleichsam die Verfas=
sung der Sterne herzuleiten. Wie wir eben
gesehen, bietet der Firsternhimmel hauptsäch=
lich zwei einander entgegengesetzte Erscheinun=
gen dar, zwei Sternclassen. Das Eine sind die
einzelnen, selbstständig zerstreuten Sonnen;
das Andere sind die in Gesellschaft vereinigten
Doppelsterne und Sternhaufen. Ein ähn=
licher Gegensatz herrscht auch im Sonnen=
systeme selbst. Die einzelnen Firsterne gleichen
den Planeten, die nahe an der Sonne, und
einzeln ohne Mond, oder wie die Erde
nur von Einem Monde begleitet sind; den
Sternhaufen aber gleichen die von der Sonne
mehr entfernten Planeten, die Gesellschaft
der vier kleinen Asteroiden, Juno, Pallas,
Vesta, Ceres und Jupiter, Saturn und
Uranus mit ihren vielen Trabanten, endlich
die vielen um die Sonne tanzenden Kometen.
Aus dieser ganz erfahrungsmäßigen Beob=
achtung zieht nun Görres den Schluß, das
Weltall sey nichts Anderes als ein ver=

größeres Sonnensystem; im Mittelpunkte desselben befinden sich die uns unsichtbaren Centralsonnen, in der Nähe derselben
die selbstständigen Sonnen, wozu auch die
unsere gehört, in weiterer Entfernung davon
aber die Sternhaufen. Und ferner erklärt
er diesen Gegensatz durch ein seinem Charakter
und der Zeit, in der er geschrieben, sehr an-
gemessenes politisches Gleichniß. In jener
Centralsonne nämlich und in den ihr zu-
nächstliegenden, nach festen Gesetzen geordneten Sonnen, herrsche das monarchische
Princip, in den von ihr entfernten, noch
immer wechselnden und chaotischen Sternhaufen aber das republicanische.

Dieß ist wenigstens die geistreichste Ausführung jener Hypothese von der Centralsonne. Andere Philosophen haben es un-
entschieden gelassen, ob ein sichtbarer oder un-
sichtbarer, ob überhaupt ein Körper in der
Mitte der Welt ruhe, sind aber doch überzeugt gewesen, es müsse einen Mittelpunkt

geben, und haben sich demzufolge, nach Grund=
sätzen der Schelling'schen Philosophie, für
eine ideale Mitte erklärt, für einen
Mittelpunkt, wenn nicht der Masse, des
Körperlichen, doch der Kraft, des weltbe=
herrschenden und weltbewegenden Princips.

In dieser Beziehung hat der geniale
Eschenmayer die geistreichste Hypothese auf=
gestellt. *) Er sieht im Weltgebäude die
einfachste und zugleich kunstreichste Realisirung
der Mathematik; in seiner Form insonderheit
die vollkommenste Ausführung der Kegel=
schnitte, als der höchsten mathematischen
Formen. Bekanntlich sind der Kegelschnitte
vier, Kreis, Ellipse, Parabel, Hyperbel,
der Kreis die vollendetste Form, die drei
andern nur davon abgeleitet, nur aus ein=
ander gezogene Kreise. Nun sieht Eschen=
mayer im Kreise die vollendete Form des
ganzen Weltalls, und in seiner Mitte das

*) Eschenmayers Psychologie 1817. S. 564.

Naturcentrum. In der Hyperbel sieht er
die Züge der Milchstraßen, und nach seiner
Meinung verhalten sich die verschiedenen
Milchstraßen zum Naturcentrum gerade so,
wie verschiedene Hyperbeln zu einem gemein=
samen Mittelpunkte, oder wie verschiedene mit
den Spitzen verknüpfte Kegel zu dem von
diesen Spitzen gebildeten Mittelpunkte. Denkt
man sich nun so viele Kegel mit den Spitzen
verknüpft, als neben einander Raum haben,
so bilden sie zusammen wieder eine Kugel,
die dem das ganze Weltall ausdrückenden
Kreise entspricht. Den Parabeln entsprechen
ferner die Lagen und Bahnen der einzelnen
Sonnen gegen das Naturcentrum, und end=
lich den Ellipsen die Bahnen der Planeten
um die Sonnen.

Mit dieser kühnen, aber auch rein mathe=
matischen, formellen, die höhern Gesetze des
Ursprungs und der Verbindung der Gestirne
keineswegs erschöpfenden Ansicht ist e i n e
Reihe von Hypothesen geschlossen. Ich

möchte sie die mechanischen Hypothesen nennen,
und unterscheide sie von einer Reihe anderer,
die ich die organischen nennen möchte, weil
sie weniger auf die bestimmte äußere bleibende
Form, als auf die fortschreitende und wech=
selnde innere Bildung der Gestirne achten.

Die Erscheinung von Lichtnebeln, in de=
nen nur eine dünne wolkenähnliche Masse,
aber keine einzelnen Sterne zu unterscheiden
sind, da in deren Mitte sich erst ein dichterer
kometenartiger Kern zu bilden anfängt, hat auf
den sehr nahe liegenden Gedanken geführt,
dieser Lichtäther sey die Werkstätte und das
Material aller Sterne, aus ihm seyen ur=
sprünglich alle Sterne hervorgegangen, aus
ihm bilden sich noch fortwährend neue Sterne.
Denselben Gegensatz in den Gestirnen, den
Görres den monarchischen und republicani=
schen nannte, haben andere Naturphilosophen,
namentlich Schubert *) als einen Gegensatz

---

*) Schubert, die Urwelt und die Firsterne.

von chaotischer Urmaterie, aus der sich die
Sterne erst entwickeln, und von schon ent=
wickelten fertigen Gestirnen aufgefaßt. So
wunderlich widersprechen sich die Naturphilo=
sophen. Görres sieht in den fernen Stern=
haufen und Nebelflecken eine Abweichung,
eine Entartung, einen revolutionären Abfall
der Gestirne von der rein monarchischen Ver=
fassung der um die Centralsonne kreisenden
Sonnen. Schubert sieht in den nämlichen
Lichtnebeln die unschuldigen Anfänge und Ver=
suche zu den vollendeten Sonnenbildungen,
gleichsam nur das Erdreich und die Samenkör=
ner der künftigen Sonnen. Diese Erklärung
scheint sehr natürlich, wenn man betrachtet,
daß wirklich unter den am Himmel vorhande=
nen Nebelflecken von den dünnsten sonnenlo=
sen Nebeln an, durch die schon zu einer Art
von Kern zusammenfließenden Nebel bis zu
den schon deutlichen, aber noch von einem
Nebel umgebenen Sternen alle Stufen der
Sternenbildung augenscheinlich dargestellt sind.

Aber diese Erklärung erklärt eigentlich nicht,
was wir wissen wollen. Sie deutet uns an,
daß die Sternenschöpfung unaufhörlich fort=
dauert, daß keineswegs eine feste bleibende
Ordnung am Himmel herrscht, sondern daß
immer neue Gestirne aus der Urmaterie, dem
Lichtnebel, hervorwachsen. Aber nach welchen
Gesetzen? In welcher Richtung? In wel=
chem Zusammenhange? Das bleibt unerklärt,
und das Naturcentrum, den Mittelpunkt der
Welt verlieren wir dabei wieder ganz aus den
Augen. Die Lichtwolke, aus der unaufhör=
lich Sterne aufsteigen, ist poetischer als die
Hagelwolke von Fontenelle, allein sie erklärt
uns eben so wenig.

Diese Ansicht hat übrigens etwas Ueber=
einstimmendes mit einer uralten Ansicht der
jüdischen Kabbala, die selbst in die christlichen
Systeme der Gnostiker übergegangen ist.
Neuere Forscher, namentlich Herr von Meyer in
Frankfurt *) haben darauf aufmerksam gemacht.

---

*) Blätter für höhere Wahrheit. 4te Samml.

Es genüge hier, anzudeuten, daß diese alten
Kabbalisten sich die Welt rund, in der Welt
aber verschiedene über einander liegende Sphä-
ren dachten, gleich den verschiedenen über
einander liegenden Schalen von Zwiebeln oder
gleich dem Weißei über dem Dotter. Die
äußeren Kreise dachten sie sich als die verschiedenen Stufen des Himmels, ganz lichtvoll,
den innersten Kreis aber hielten sie für die
von uns bewohnte dunkle Welt, der durch den
Sündenfall jenes himmlische Licht entzogen
sey, die aber dennoch von einem Abglanze jenes Lichtes erleuchtet werde, nämlich von den
Firsternen oder Sonnen, welche ihr Licht aus
jenem höhern Lichtkreise empfangen. — Es
lag nun sehr nahe, die neu entdeckten zahlreichen, ja fast den ganzen Himmel umgür-
tenden Lichtnebel mit jenen kabbalistischen fernen Lichtgränzen der höhern himmlischen Welten zu vergleichen.

Allein diese Ansicht führt zuletzt immer zu
der Vorstellung zurück, unsere Erde sey der

Mittelpunkt der dunkeln Sphäre, und mithin
auch der sie umgebenden Lichtsphäre, und der
wichtige Centralkörper, auf den sich Sonne,
Mond und Sterne und alle Himmel allein
beziehen, und so dachten es sich die Kabbalisten
auch wirklich.

Unter allen Philosophen hatte wohl of=
fenbar Swedenborg die großartigste und ge=
nialste Ansicht vom Himmel, indem er ihn
den großen Menschen nannte, und die
Behauptung aufstellte, jeder Stern sey im
Großen und in Bezug auf das Weltganze das,
was jedes Organ, jeder Theil des Menschen
im Kleinen und in Bezug auf den Menschen
sey. Alle Sterne erschienen ihm mithin als
eben so viel einzelne Functionen, Kräfte,
Sinne und Triebe des großen himmlischen
Menschen, Alle lebendig, zum Ganzen wir=
kend. Uebrigens lag auch dieser Gedanke
nahe. Er war nur die Umkehrung des alten
allgemein bekannten Gedankens, der Mensch
sey die kleine Welt. Der bloße spielende

Witz schon konnte umgekehrt sagen, die Welt
ist der große Mensch. Er war ferner nur die
Umkehr der alten bekannten Astrologie. Wie
man nämlich in frühern Zeiten allgemein an-
nahm, jeder Stern beherrsche gewisse Glieder
und Kräfte des menschlichen Körpers, so durfte
man nur hinzufügen: Also verhält er sich zum
Körper des Himmels selbst, wie das von
ihm beherrschte Glied zum Körper des Menschen. — Aus dieser Ansicht nun folgt natürlicher Weise die Erklärung der an den Sternen bemerkten Verschiedenheit. Sie sind
nämlich eben so verschieden von andern, ihre
Beschaffenheit, ihre Bewohner, ihre Geschichte ist so verschieden von einander, wie
die Organe des menschlichen Körpers von einander verschieden sind. Daß übrigens bei der
Ausmalung dieses Gedankens der Phantasie
der freieste Spielraum verstattet ist, versteht
sich von selbst.

Dieß ist, in der größtmöglichen Kürze zu-
sammengefaßt, der Inhalt der geistreichsten,

bisher bekannten Hypothesen über die wahre
Gestalt und Natur des Firsternhimmels. Ob
sich nicht noch manche neue Hypothesen aus=
denken lassen? Warum nicht? Ich will
sogleich mit einer dienen.

Man hat bisher den Doppelsternen zu we=
nig Aufmerksamkeit bewiesen. Diese Sterne
scheinen gerade in der Mitte zu stehen, zwi=
schen den einzelnen von Planeten begleiteten
Sonnen und zwischen den Nebelflecken. Diese
mittlere, von beiden Extremen gleich weit ent=
fernte Stellung, die Schönheit und das Er=
greifende ihres Anblicks, vor Allem aber das
Symbol der Freiheit und der Liebe, das sich
in ihnen darstellt, machen sie zu der vollkom=
mensten Erscheinung am Himmel. In der
dichten Zusammenhäufung von Sternen, wie
in den zerfließenden Lichtnebeln liegt etwas
Rohes, eine noch nicht vollendete Bildung.
In den von dunkeln Planeten sclavisch um=
ringten Sonnen spricht sich ein Gesetz der
Ueberordnung und Unterordnung aus, das

zu streng, zu egoistisch ist, als daß es das höchste seyn könnte. Aber in den Doppelsternen sehen wir ein freies Wesen mit einem andern freien, eine Sonne mit einer Sonne innig verbunden, und wodurch verbunden? Da beide selbstleuchtende Sonnen freie Wesen sind, nur durch Liebe verbunden. Während die Lichtnebel dem Meere, den Erd- und Luftschichten, den rohen Elementen; während die Sternhaufen den zusammengehäuften Pflanzen, den Wäldern; während die Sonnen mit ihren Planeten den Thierheerden, dem Stiere mit seinen Kühen, dem Hahne mit seinen Hühnern gleichen, gleichen die Doppelsterne allein der Liebe oder Freundschaft, der Ehe oder dem freien Bunde eines Menschenpaares. Auf diese Weise erscheinen die Doppelsterne als das Ideal der Sternbildung, und dieser Gedanke ließe sich weiter durchführen.

Doch, was kann die Phantasie nicht Alles aus einem so dunklen Stoffe herauszaubern? Eschenmayer macht daraus eine mathematische

sche Figur, Görres ein höheres Sonnensy=
stem, Swedenborg einen höhern menschlichen
Organismus. Welche andere Vergleichungen
lassen sich nicht noch anführen? Wo die Ver=
gleichung nur irgend einige Aehnlichkeit hat,
entsteht ein poetisches Bild. Die Erfahrung
liefert nur den Stoff für die Hypothesen, aber
nicht den Beweis. — Soll man nun aber
gar nicht über die Sterne phantasiren? Das
wäre zu viel verlangt. Gerade da hat Sym=
bolik, Mythe, mit einem Worte Poesie ein
Recht einzutreten, wo die nackte Wahrheit
ausgeht. Nur nöthige man Niemand, das
Bild für die Sache selbst zu nehmen.

Das wären nun die Hypothesen, durch
die man sich das Verhältniß der Gestirne im
Raume zu erklären gesucht hat. Ich muß
noch einer Meinung erwähnen, die auch die
Zeit des ganzen Weltlaufs betrifft.

Einen Tag wie den andern dreht sich die
Erde um sich selbst; einen Monat wie den an=
dern der Mond um die Erde; ein Jahr wie

das andere die Erde und die Sonne; allein
neben dieser ewigen Monotonie besteht auch
ein Wechsel am Himmel, bedingt durch die
allmähliche Achsendrehung der Himmelskörper
und ihrer Bahnen. Man nimmt z. B. von
unserem Sonnensysteme an, daß im Anfange
desselben alle Planeten mit der Sonne eine
gewisse einfache Constellation gebildet hätten,
in der Art nämlich, daß ihre Bahnen alle in
gleicher Ebene mit der Sonne gelegen, und
daß auf ihnen der Aequator und die Ekliptik
noch nicht getrennt gewesen wären, daß aber
eine zunehmende Schiefe der Ekliptik und zugleich eine Abweichung der Planetenbahnen
eingetreten sey, die wahrscheinlich bis zu einem
gewissen Grade fortschreiten, und dann wieder zur ursprünglichen einfachen Constellation
zurückkehren werde, und daß auf diese Weise,
im Verlauf vieler Jahrtausende ein Weltjahr,
eine große Lebensperiode des Sonnensystems
sich vollenden werde. Solche Weltjahre be-
rechneten schon die Alten, und Schubert hat

neuerdings dieser Rechnung großen Fleiß ge=
widmet. Hieran knüpft sich dann auch die
Bedeutung der Aſtrologie, die Pfaff in Er=
langen vor nicht langer Zeit wieder zur Sprache
gebracht hat. Warum, darf allerdings ge=
fragt werden, warum ſollten nicht, da Alles
in der Natur nach dem weiſeſten Geſetze im
Zuſammenhange geordnet iſt, die aſtronomi=
ſchen Perioden mit denen der Geſchichte, die
wichtigſten Conſtellationen mit den wichtigſten
Weltbegebenheiten, die aufſteigenden und ab=
ſteigenden Bewegungen, die Culminations=
punkte und die Störungen in dem aſtronomi=
ſchen Leben mit den Hauptepochen der Ge=
ſchichte zuſammenfallen?

Wir ſind indeß noch ſo wenig von dem
wunderbar verſchlungenen Sphärentanze un=
terrichtet, daß wir die intereſſanteſten Con=
ſtellationen erleben können, ohne es nur zu
bemerken. Zahlreiche und weltbekannte Thor=
heiten der frühern Aſtrologie haben bewie=
en, daß man ſich vor Spielereien und Hypo=

thesen in diesem Gebiete zu hüten habe. Fol=
gendes jedoch möchte unbezweifelte Thatsache
seyn.

Wie innig das physische Leben auf unserm
Planeten von astronomischen Bedingungen
abhängt, das beweisen Tag und Nacht, die
Jahreszeiten, die Wirkungen des Mondes
und der Sonne. In dieser Hinsicht hat noch
Niemand die Astrologie bestritten. Alles
physische Leben steht unter dem Einflusse zu=
nächst der Sonne, dann des Mondes. In
wiefern auch die übrigen Planeten einwirken,
ist noch nicht ermittelt. Daß aber der Fix=
sternhimmel im Großen keineswegs ohne Ein=
fluß auf diese Erde ist, erhellt aus einem
merkwürdigen Umstande. Wie nämlich um
unsern Nordpol sich ringsumher feste Conti=
nente lagern, während um den Südpol herum
nur eine weite Wasserfläche sich ausdehnt, so
erblicken wir auch die Hälfte des Himmels,
die diesem Nordpole gegenüber liegt, voll un=
zähliger Sterne, in großen Massen gehäuft,

während die dem Südpole gegenüber liegende
Himmelshälfte weit ärmer an Sternen ist.
Das Uebergewicht des Nordpols auf unserer
Erde scheint also abhängig von einem allge=
meinen Naturgesetze, nach welchem in dieser
Richtung überhaupt die Massen sich häufen,
und die Erde ist hierin nur ein Abbild des
Weltalls überhaupt.

Die Wissenschaft bleibt aber bei dieser ein=
zigen Thatsache stehen. Was darüber ist, das
ist bloße Hypothese. Theophrastus Paracel=
sus hatte den wunderlichen Gedanken, daß
jeder einzelne Stern einen besondern Einfluß
auf unsere Erde habe, und daß lediglich nichts
auf der Erde geschehe, was nicht durch den
Aufgang eines Sterns bewirkt werde. Wenn
ein Windstern aufgeht, sagt er, so entstehet
Wind. Wenn ein Blumenstern aufgeht, so
geht auch eine Blume auf 2c. Er bedachte
aber nicht, daß täglich genau die nämlichen
Sterne aufgehen, während doch täglich auf
der Erde etwas Anderes geschieht. Einer

der ausgezeichnetsten neuen Naturphilosophen,
Steffens, trägt auch eine seltsame Meinung
vor. Er sagt in seiner Anthropologie, im
Sonnensysteme existire nichts für sich, sondern
nur durch Wechselwirkung; die Planeten
seyen daher auch nicht aus der Sonne und
nach der Sonne entstanden, sondern mit der
Sonne zugleich, beide durch ihre Wechselwir=
kung, und so sey denn auch das Licht keineswegs
eher da gewesen, als der mit dem Lichte in so
genauer Beziehung stehende planetarische Or=
ganismus zunächst der Pflanzen, dann der
Thiere; vielmehr sey das Licht eben so gewiß
erst durch die Pflanze erzeugt worden, als die
Pflanze durch das Licht. Ich habe dieser
geistreichen Ansicht nur das entgegen zu setzen,
daß Steffens dabei von dem allen Naturphi=
losophen noch anklebenden Irrthume ausgeht,
das Licht sey nothwendig an einen Pol gebun=
den. Daß dieß ein Irrthum ist, beweisen
die Doppelsterne, welche das Licht von beiden
Polen zeigen. Mich dünkt, die Beobachtung=

gen, die man an den Doppelsternen gemacht
hat, müssen die ganze bisher gültige Lehre
von der Polarität des Lichts modificiren.

Dem sey nun, wie ihm wolle. Ein phy=
sischer Zusammenhang der Weltkörper ist un=
läugbar, und es frägt sich nun, in wiefern
auch ein geistiger Zusammenhang der darauf
lebenden Wesen stattfindet. Wir Bewohner
der Erde sind isolirt, und haben, wenn wir
nicht den Visionen Swedenborgs glauben
wollen, niemals mit Bewohnern anderer
Weltkörper Verkehr gehabt. Dennoch dürfen
wir uns wohl als Glieder eines höhern Gan=
zen betrachten, in dem wir unbewußt begrif=
fen sind. Es heißt, in meines Vaters Hause
sind viele Wohnungen. Gibt es nun vielleicht
bessere und schlechtere? Gibt es höhere und
niedrere Wesen, als wir sind?

Man hat viel von einer Wanderung durch
die Sterne geträumt, aber das ist wohl ein
tröstler Gedanke. Die Himmelskarte ist
keine Postkarte. Wir müssen, wenn wir die

Zukunft im Auge haben, immer eher glauben, auf dem Radius ins Centrum der Dinge zu gelangen, als auf der unendlichen Peripherie herum zu kreisen, ohne je zum Ziele zu gelangen.

Tiefsinnige Theologen haben sich mit der Frage beschäftigt, wie sich Christus zu den übrigen Weltbürgern verhalte. Swedenborg löst diese Frage auf eine Weise, die mehr witzig als befriedigend ist. Er sagt nämlich, er habe auf seiner Wanderung durch die Himmelskörper die Bewohner derselben über diese Sache befragt, und von ihnen zur Antwort erhalten, es sey keineswegs auf allen Himmelskörpern ein besonderer Christus erschienen, sondern unser Christus allein habe nicht nur die Erde, sondern auch alle andern Himmelskörper erlöst. Unsere Erde sey aber zu der Ehre, Christus aufzunehmen, nur durch ihre Schlechtigkeit und Verdorbenheit gekommen; denn da Gott das Uebel bei der Wurzel habe ausrotten wollen, so habe er seinen Sohn

auch dahin gesandt, wo das ärgste Uebel ge=
wesen. Aus demselben Grunde habe er ihn
auch unter den Juden, als dem verderbtesten
Volke, geboren werden lassen. — Diese
Frage hängt übrigens wohl von einer noch
frühern ab, an die man bisher gar nicht ge=
dacht hat, nämlich: wie verhält sich Adam zu
den präsumtiven Adams anderer Himmels=
körper?

Wem es beliebt, der denke weiter darüber
nach.

Zehntes Capitel.

Bibliothek. — Ambraser Sammlung. — Kaiserlicher Schatz. — Antiken = Samm= lung. — Aegyptische Sammlung. — Na= turaliencabinet und brasilianische Sammlung.

Da ich das ganze Jahr unter Büchern lebe, waren sie es nicht, was ich in Wien suchte. Ich wollte mich zerstreuen, und Menschen sehen, nicht Bücher. Ich muß daher zu meiner Beschämung bekennen, daß ich die Bibliotheken nur eben durchlaufen bin, und nichts davon näher angesehen habe, als ei= nige seltene orientalische und altdeutsche Hand= schriften, eine Schirin, einen Schah Nameh, ein naturphilosophisches Manuscript voll der wunderlichsten Phantasien, ein deutsches Hel=

denbuch ꝛc. Das letztere befindet sich in der
berühmten Sammlung, die vom Tyroler
Schloſſe Ambras nach Wien gebracht worden
iſt, in Deutſchland das älteſte Naturalien-
und Kunſt-Cabinet, das man kennt, daher
ſehr reich an Seltenheiten. Herr Director
oder Cuſtos Bergmann (ich habe leider für
Titel kein Gedächtniß) hatte die Güte, mich
die Ambraſer Sammlung, ſo wie das reiche
Antikencabinet in Detail durchmuſtern zu laſſen. Er iſt ein geborner Würtemberger, und
eben ſo gefällig als einſichtsvoll.

In dieſer berühmten Ambraſer-Samm-
lung findet man von allem etwas, was in
den andern großen Wiener Sammlungen enthalten iſt, eine Bibliothek (ältere ſeltene Werke), einen Waffenſaal (unzählige Harniſche und
Waffen berühmter Oeſterreicher, Ungarn und
Italiener), ein Naturaliencabinet (das älteſte der Welt, voll ſchön erhaltener ſeltener
Exemplare), einen Schatz (ſtrotzend von Gold
und Edelſteinen und unzählbaren Kunſtwer-

ken); einen Ahnensaal (die Stammtafeln und
Familienbilder der alten Herzoge und Kai=
ser) und ein Cabinet voll Miniaturportraits
berühmter Männer und Frauen des Mittel=
alters (in seiner Art das reichste und interes=
santeste der Welt). Den Kunstfreund wird
hier vor allem andern das berühmte Salzfaß
von Benvenuto Cellini anziehen, das einen
Centner schwer, in gediegenem Golde wun=
derschön gearbeitet, und von Goethe bereits
hinlänglich gelobt ist. All diese alte Pracht
hat mich aber nicht so sehr angezogen, wie
das Cabinet mit Portraits, in denen der
große Geist der Geschichte den zierlichsten
Tempel bewohnt. Fast alle großen Fürsten
und Fürstinnen, Helden, Staatsmänner,
Dichter, Künstler und Gelehrte, die im
Mittelalter berühmt geworden sind, befinden
sich hier in größtentheils gut gemalten Por=
traits beisammen, daher diese Sammlung auch
unaufhörlich zu Copien benutzt wird. Na=
mentlich wird sie seit einiger Zeit von den

Almanachen ausgeplündert, deren historische
Portraits meist aus der Ambraser Samm=
lung entlehnt sind. Man kann Stunden lang
in diesem köstlichen Cabinete verweilen, und
immer ziehen neue Gesichter das Auge auf
sich, so viele hundert sind deren vorhanden,
und so viel Geist, so viel Energie, so viel
Weltgeschichte ist in ihnen. Unter allen aber
hat mir der Dante am besten gefallen. Auf
den Kupferstichen sieht man ihn meist zu
melancholisch und ältlich. Hier erscheint er
viel jünger und feuriger, und der ganze Stolz
der Ghibellinen thront in seinem Gesichte.
Hier wirft der Vulcan noch Feuer, der im
Kupferstiche schon ausgebrannt ist.

Folgende Anekdote von Dante wird wohl
sehr wenigen Lesern bekannt seyn. Dante
befand sich einst als ein armer Gelehrter an
der Tafel eines reichen und vornehmen Ita=
lieners, der seiner spotten wollte, indem er
heimlich alle Knochen von der Tafel unter
Dante's Stuhl legen ließ. Als man ihn

nach der Mahlzeit darauf aufmerksam machte,
und ein Gelächter über ihn erhob, antwortete
er stolz: Habt ihr eure Knochen verzehrt,
wie Hunde pflegen, so wißt, ich bin kein
Hund.

Der kaiserliche Schatz in der Burg ist
vielleicht nicht ganz so reich als das grüne
Gewölbe in Dresden, aber durch seine ge=
schichtlichen Reliquien interessanter. Seine
größte Kostbarkeit im physischen Sinne ist der
große Diamant, den Karl der Kühne in der
Schlacht bei Nancy zugleich mit seinem Le=
ben verlor. In der Mitte zahlloser anderer
Diamanten, die sich wie Kinder und Kinds=
kinder um ihn reihen, nimmt er sich auf
dem Hintergrunde von schwarzem Sammet
prächtig genug aus, und da es gerade ein
trüber Tag war, schienen diese blitzende Ge=
steine als Sterne des Tages dem matten Son=
nenlichte zu Hülfe zu kommen.

Man wendet sich aber bald von ihm ab,
um mit erhöhter Theilnahme die Krone und

das Schwert Karls des Großen zu betrachten. Die riesenhafte Krone, mit ungeschlif-
fenen großen Edelsteinen geziert, gibt auf
den ersten Blick zu erkennen, daß sie einer
fernen Zeit angehört. Sie paßt für keinen
menschlichen Kopf mehr; sie ist, wie das
Reich, das sie bedeutet, zu groß für Häupter
von heute. Da sie hundertmal abgebildet ist,
und millionenmal auf kaiserlichen Münzen
abgeprägt, so will ich sie hier nicht näher be-
schreiben; nur bemerke ich, daß der Bügel,
der über sie hinwegläuft, nicht ursprünglich
von Karl dem Großen herrührt, sondern erst
von Conrad I. hinzugethan ist, dessen Name
auch in Perlen gestickt darauf zu lesen ist.
Neben dieser und einigen andern Reliquien
der ältesten deutschen Kaiserzeit sieht man das
Schwert Tamerlans. Wahrlich, die Schwer-
ter Karls des Großen und dieses Bezwingers
Asiens neben einander, machen einigen Eindruck auf die Phantasie.

Zufall oder Absicht hat Napoleons italie-

nische Krone ihnen zugesellt. Diese kleine,
dünne, leichte Krone, in einer Nacht flüchtig geschmiedet und mit falschen Edelsteinen ausgelegt, ist so schlecht, als man sie nur
in einer Theatergarderobe findet; allein es
ist die Krone Napoleons, er selbst hat sie
getragen, er hat sie durch die unsterblichen
italienischen Feldzüge erobert, und ist etwas
Bettelhaftes daran, so erinnert es an die
Lumpen jener republicanischen Armeen, die
man, ohne das Auge zu beleidigen, hier eben
so gut hätte aufhängen können.

Der Reliquien anderer weltgeschichtlicher
Heroen, so wie der reichen hier aufgehäuften
Türkenbeute will ich nicht ausführlich gedenken. Es existiren ja wohl Beschreibungen davon. Gold und Edelsteine sieht man hier in
großen Haufen. Wenn das Meiste davon hier
mit Recht nur als Reliquien zur Schau gestellt ist, so kann man sich doch kaum der
Lust enthalten, einmal von den kostbaren
Geschirren zu tafeln und aus den Bechern

zu

zu trinken, die hier so ganz unbenutzt seit
Jahrhunderten liegen. Man wünscht diese
schweren Lasten Gold beim festlichen Mahle
auf dem Tische zu haben, die ungeheuren
mit Edelsteinen und seltenen Kameen ausge=
legten Schüsseln voll dampfender Speisen und
edler Früchte, die Riesenbecher voll süßen
Tokaiers. Man läßt es sich sonst in Oester=
reich schmecken, aber der ästhetische Tafelsinn der
Alten scheint ausgestorben, denn ich hörte, daß
dieser alte Service niemals gebraucht würde.

Das gefiel mir allein in diesem Schatze
nicht, daß sich mitten unter den heiligen
Reliquien Karls des Großen und anderer un=
sterblichen Helden, so viele Curiosa und Spie=
lereien befinden, als ob die Seltenheit
allein den Werth ausmachte. Die Spieluh=
ren, Schnitzereien und Schnitzeleien, die
sonderbar geformten Perlen, Onyxe, Sma=
ragden, Granaten ꝛc. gehören nicht zu jenen
ehrwürdigen Gegenständen weltgeschichtlicher
Andacht.

Die Edelsteine übrigens, diese Blumen
unter der Erde, müssen wohl jedem Auge
schmeicheln. Leider sind sie unter uns Deutschen viel zu selten, als daß wir ihre Aesthe-
tik gehörig cultivirt hätten. Auch die Physik hat ihre geheimnißvollen Kräfte noch lange
nicht erschöpft. Herr Fladung, ein kennt-
nißreicher Mineraloge, hatte die Gefälligkeit,
mich in seine Sammlungen und in sein System der Edelsteine einzuweihen, mir interessante unentdeckte Experimente mit dem Tur-
malin, Hyacinth ꝛc. zu zeigen, und mir ein
Schema mitzutheilen, welches die ächten Edelsteine von den unächten haarscharf unterscheiden lehrt.

Im Antikencabinete, in der Sammlung
von Medaillen und Münzen sah ich ebenfalls
außerordentliche Schätze. Im erstern fällt
besonders die große Menge antiker Vasen auf.
Sie stehen indessen so frei, daß wenn einmal eine große Menge Menschen zugleich in
den Saal käme, z. B. die deutschen Natur-

forſcher bei ihrer künftigen Verſammlung in
Wien, ich nicht abſehe, wie die Herren ſich
becomplimentiren wollen, ohne daß irgend
ein Rokſchoß die eine oder andere Vaſe her=
unterwirft. Beſſer durch kleine Kettchen ver=
wahrt ſind die zahlreichen altrömiſchen Ge=
räthe, Waffen, Götzenbildchen ꝛc., wovon es
hier wimmelt.

Ich weiß nicht, welcher Unſtern in den
letzten Tagen meines Aufenthalts in Wien
über mir waltete, daß ich anſtatt das be=
rühmte Joſephiniſche Wachscabinet zu be=
ſuchen, in die ägyptiſche Sammlung gerieth.
So merkwürdig dieſe Mumien und Götzen=
bilder ſind, ſo beleidigen ſie doch das äſthetiſche
Gefühl auf die ſchmerzhafteſte Art. Die
lange Reihe von Mumien, wovon die einen
noch im Sarge verſchloſſen, andere einer Hülle
nach der andern beraubt, und die letzten ganz
nackte eingedorrte Geripye ſind, geben ein
Bild der Todtenauferweckung, ſo ſcheußlich
es nur ſeyn kann, und die Götzenfratzen in

15 *

den Schränken umher, gleichen den Teufeln, die auf den Raub der ekelhaften Leichen wie Harpyen lauern. Man bringt das garstige Zeug kaum mehr aus der Phantasie heraus, und ich erinnere mich nur einer Sammlung von Mißgeburten, die noch empörender war, Ein junges hübsches Mädchen sah sich diese ägyptischen Todesfratzen ebenfalls an, und hatte die herzlichste Freude daran, ohne den mindesten Ekel. Aber so ist dieses liebens= würdige Geschlecht, von dessen Herzensweich= heit unsere sentimentalen Dichter schon so unmenschlich viel gelogen haben.

Das Naturaliencabinet, eines der reichsten in der Welt, und die brasi= lianische Sammlung gewähren dem Na= turfreunde unschätzbare Genüsse. Die unge= heure Menge und Mannichfaltigkeit von Thieren, die in dem erstern zusammenge= häuft sind, versetzen uns in die Arche Noä. An der brasilianischen Sammlung gefällt aber hauptsächlich die Eleganz und Frische der

Exemplare und die systematische Vollständig=
keit. Man bewundert die Fortschritte der
Empirie in den Bemühungen beider Brüder
Natterer, wovon der eine in Brasilien fort=
während sammelt, und der andere in Wien
das Gesammelte ordnet und zur Schau
stellt. Eben war wieder eine frische Sen=
dung angekommen, darunter neue Amphibien
von der groteskesten Form, halb Kröte, halb
Krokodil, niegesehene Ungeheuer. Herr
Natterer sammelt in Brasilien Alles, von den
Riesenthieren herab bis zu den Eingeweid=
würmern des Colibri's, und kauft zugleich
in großer Menge Kleider, Putz, Waffen und
Geräthschaften der Indianer auf, wovon hier
schon ein ganzes schön erhaltenes Magazin
beisammen ist. Der Federnputz insbesondere
sucht an Pracht, Zierlichkeit und nicht selten
auch an Geschmack seines Gleichen.

Uebrigens tritt in allen solchen Natura=
liencabineten doch mehr die häßliche als
die schöne Seite der thierischen Welt hervor.

Die schöne Farbe allein, auch wo sie wohl
erhalten ist, ersetzt die schöne Bewegung, er=
setzt das muntere Leben nicht, und ohne diese
lebendige Bewegung erscheint die Form er=
starrt, wenn nicht durch Geschmacklosigkeit
oder Ungeschicklichkeit des Ausstopfers ver=
unstaltet. Das häßlichste aller nur denk=
baren Thiere, auf das ich hiermit die Callots
und Hogarths aufmerksam machen will,
findet man in dem großen Wiener Natura=
liencabinet unter den Vögeln. Es ist eine
junge noch nicht ausgewachsene Schleiereule,
der Todtenvogel par excellence.

Eilftes Capitel.

Ueber den Orden des goldenen Vließes.

Im Antikencabinete sah ich unter andern
eine alt=römische Kette, die bei feierlichen
Umzügen gebraucht worden zu seyn scheint,
und deren Zierrathen ziemlich viele Aehnlichkeit
mit der Kette des goldenen Vließes haben.
Symbolik ist wohl offenbar darin enthalten,
wenn auch eine andere als in der Kette des
goldenen Vließes.

Ueber die Symbolik der letztern findet
man in einem alten Buche genügenden Auf=
schluß, und ich will hier das Wichtigste dar=
aus citiren, da der Orden so berühmt, und
namentlich an das Haus Habsburg ge=
knüpft ist.

Das Buch heißt:

Die Sonne von Osten, oder philosophische Auslegung des goldenen Vließes. Colchis 5790, im Verlage der Argonauten.

Hierin nun steht folgende Erklärung: „Wenn man läugnen wollte, daß Philipp Herzog von Burgund, den man auch den Alchymicum nennet, ein Besitzer des Steins der Weisen war, es sey nun, daß er ihn selbst erfunden, oder daß er ihme, welches glaublicher ist, durch einen Adepten, (wegen Gutheit seines Herzens, von welchen er auch den Beinamen Philipp der Gute er= halten) mitgetheilet worden, so überzeugt uns (nebst seiner großen Pracht, in welcher er, und nach ihm sein Sohn Herzog Karl es dem Bourbonischen Hof selbst zuvorthat, und der Ueberschwinglichkeit seiner Unterthanen) der Orden, den er gestiftet hat, die Kleidung die die Ordensritter ge= tragen haben, und theils noch tragen, sammt den Sinnbildern und Inschriften, die darauf

vorkommen, am allermeisten aber die Kette
desselben, die wir nun durch ächte Philosophen
selbst erklären und anzeigen wollen, daß sie
ein kleiner Inbegriff der ganzen hermetischen
und königlichen Kunst, oder des philosophischen
Steins sey.

„Die Kette bestehet aus gemeinem geschmol=
zenen Kieseln oder Feuersteinen: jeder davon
befindet sich zwischen zwei Staalen von Gold.
Benannte Steine werfen goldene Flammen
von sich, unten kommen diese Staale und
Steine zusammen, allwo sich ein schwarzer
Stein mit sieben rothen Tropfen oder Thränen
befindet, der größer ist als einer der übrigen
einzelnen, mit der Ueberschrift: pretium
non vile laborum. An welchen schwarzen
Stein sich auch stärkere und größere, zugleich
rothe feuerfarbene von émaille gemachte
Flammen befinden. Endlich ganz unten hängt
ein auch goldenes Widdervließ oder Widderfell.

„Nun in dieser Kette kommen drei Haupt=
sachen zu betrachten vor. Erstens: die ge=

meine Feuersteine mit ihren Staalen. Zwei=
tens: der große schwarze Feuerstein mit seinen
rothen Thränen. Drittens das Widderfell.
Ich will dahero jedes in einem besondern
Capitel erklären, und dann auch der Ueber=
schrift gedenken, sammt einer andern, die auf
dem Ordenskleide mit Gold gestickt ist, und
da heißt: „Ante ferit, quam flamma micet“
Vorhero aber nur noch sagen, daß Herzog
Philipp zu dieser Erfindung der Kette, durch
die Geschichte Jasons verleitet worden, als
in welcher ebenfalls das ganze Geheimniß
der hermetischen Philosophie angedeutet wird,
und daß ich die Kette vor mir nehme, so wie
sie bei ihrem Ursprunge getragen worden, denn
nach einiger Zeit ist den Ordensrittern erlaubt
worden, anstatt der schweren goldenen Kette
zum täglichen Gebrauch nur den schwarzen
Stein mit den rothen Thränen, und erst
gemeldter Ueberschrift, seinen größern Feuer=
flammen und Staal mit dem goldenen Wid=
derfell an einem ponceaufarbenen Bande zu

tragen, auch öfters anstatt selben einen weißen oder rothen Edelstein mit mehr andern Brillianten besetzt.

„Die gemeine Kies- oder Feuersteine sammt den Staalen bedeuten zusammen die philosophische Materie, roh, so wie sie die Natur geschaffen, und der Künstler sie findet.

„Aus einer Materie allein aber kann nichts werden, so wenig man aus dem Feuer oder Kiessteine ohne Staal oder andern ihm ähnlichen Materien Feuer haben kann.

„Darum wird man in allen Hierogliphen unsere Materie meistens mit zwei Figuren vorgestellt sehen; als unter Löwen und Schlangen — Kröte und Adler — geflügelte und ungeflügelte Drachen — Mann und Weib, deren Köpfe Sonne und Mondgestalt haben; wird sie aber vereint, und folglich unter einer Figur allein angezeigt, so ist solche geflügelt, sie hat Thieres- oder Menschengestalt, um nebst dem männlichen und wirkenden, zugleich das weibliche, leidende oder flüchtige damit zu bezeichnen.

„Aber alle diese verschiedene, sowohl ein= zelne als doppelte Figuren, bezeichnen immer nichts Anderes, als das Fixe und Flüchtige, Trockene und Feuchte, Erde und Wasser, Mann und Weib, Schwefel und Merkur, Wirkende und Leidende, Sonne (☉) und Mond (☾) die vereinigt unter ☿ gestalten; der getheilt und gehörigermaßen zubereitet, hinwiderum unsern doppelten Merkur aus= machen, welcher genug ist, wie die Weisen sagen, zu Vollbringung des ganzens Werks.

„Diese Vereinigung obbemeldter zwei Wesen, oder Substanzien ist demnach der Weisen Rebis, oder Resbina, aus welchen sie allein den philosophischen Stein machen, was für Namen man auch diesem Wesen bei= legen mag.

„Basil sagt unter vielen andern Philo= sophen zur Erklärung dieser Steine der Kette sehr einleuchtend zu Ende seines zwölf=

ten Schlüssels: „de prima materia lapidis"
diese vielbedeutende Worte:

Ein Stein wird funden, ist nicht theuer,
Aus dem zeucht man ein flüchtig Feuer
Davon der Stein selbst ist gemacht,
Von weiß und roth zusammenbracht,
Es ist ein Stein, und doch kein Stein,
In ihm wirkt die Natur allein,
Daß daraus springt ein Brünnlein klar ꝛc.

„Diese Verse, so schlecht sie dem An=
sehen nach sind, sagen so viel, daß sie ver=
dienen; um desto deutlicher die Anspielung der
Steine dieser Kette mit den Worten dieses
Philosophen zu sehen.

„Ein Stein wird funden, ist nicht theuer."

„Der Autor nennet die philosophische Ma=
terie gleich wie viele andere Philosophen nicht
umsonst einen Stein! Er will dadurch bei=
läufig die Form derselben anzeigen, nämlich:
daß sie einen Körper haben muß, den man
gleich einem Stein in die Hand fassen, und
etwa damit werfen könne; wie wirklich in
dieser Absicht Theophrast sagt: daß man=

cher einen Stein nach einer Kuhe wirft, der
mehr werth ist, als sie selbst.

„Nebst dem Theophrast und Basil,
die unsere Materie einen Stein nennen, sind
noch viele andere Philosophen, die selbe bald
einen Feuerstein, bald einen Adlerstein, der
unsern Stein in sich verborgen hält, das ist:
daß aus unserm gemeinen und rauhen Stein,
der philosophische entspringe, bald einen
Stein oder compacte Erde nennen, so zer=
fließt oder dem Feuer in Wasser.

„Avizen sagt: wisse, daß unser großes
Werk angefangen wird, indem unser Stein
in sein eigen Wasser aufgelöst wird, das
ist: damit ich auf die Kette anspiele: das
Feuer unsers Steins durch sein feuriges
Wasser, als des Staals ausgezogen werde,
und beide ein feuriges Wasser, oder wässeriges
Feuer werden. Dieses bishieher angeregte sey
wegen dem Namen, den Basil und andere
unserer Materie beigelegt haben, indem sie

selbe einen Stein nennen, genug und wir
wollen unsere Spur weiter fortsetzen.

„Er sagt ferners in diesem Vers: „wird
funden." Durch dieses Wort gibt er zu ver=
stehen, daß dieser Stein oder Materie, die
er darunter verstehet, nicht seltsam ist, sondern
gemein, öffentlich und überall sich befinde,
so wie man keine Diamanten, wohl aber
gemeine oder Kieselsteine überall genug an=
trifft. Aus welcher Ursache eben aus diesen,
und nicht aus kostbaren Steinen die Kette
des goldenen Vließes zusammengesetzt ist, und
dieses wollte Herzog Philipp darunter zu ver=
stehen geben, ansonsten hätte er Diamanten,
oder eine andere Gattung kostbarer Steine
dazu genommen, da der übrige Ornat kost=
bar ist.

„Unsere Materie oder Stein ist das aller=
kostbarste und edelste nach der mensch=
lichen Seele! auch das allerrareste, kann
Könige vertreiben, dazu das allerschlimmste
und verachteste Ding auf der ganzen Welt;

der Eckstein den die Bauleute Salomons ver=
worfen.

„Aus dem zeucht man ein flüchtiges Feuer.“

„Basil zeigt hier die Eigenschaft des
Steins oder Materie an, nämlich: daß solcher
voll flüchtigen, oder besser zu sagen, himm=
lischen Feuer seye; wie dann auch an der
Kette des goldenen Bliesses, die goldene
Feuerflammen, die auf jeder Seite, an jedem
der Steine sich befinden, solches gleichmäßig
anzeigen.

„Daß aber die Flammen von Gold, und
nicht etwa von gelbem Schmelz oder émaille
sind, zeiget an, daß dieses Feuer der Steine
kein gemeines oder grobes, wie das elemen=
tarische im Holz und gemeinen Steinen, son=
dern, wie ich es erst benamset, himmlisches
Feuer, Licht, oder flüssiges Gold sey; wie
denn ein gewisser Philosoph sagt: daß die
Sonnenstrahlen pure Ausflüsse eines geistigen
Goldes seyen, von dem solches Feuer eben
seinen Ursprung hat.

„Da=

„Davon der Stein selbst ist gemacht,“
„Von weiß und roth zusammen bracht.“

„Nur muß ich zu mehrerer Deutlichkeit
hier noch beifügen, was hauptsächlich der zweite
Vers zu verstehen gibt, daß die Worte: „von
weiß und roth“ nicht allein dieß astrali=
sche und elementarische Gold anzeigen, was von
oben herab in unsere Materie, oder haupt=
sächlich in den einen Theil unserer Materie,
den wir eigentlich den Stein nennen, gekom=
men ist, und unter den gemeinen Kies= und
Feuersteinen des Vließes angezeiget wird, son=
dern die Vereinigung mit dem andern Theil,
den die Staale andeuten, welcher gleicher=
maßen mit diesen zwo Arten des jedoch we=
niger fixen Goldes geschwängert ist, derowe=
gen weiß oder Mond genennet wird, sowie
der andere roth oder Sonne, dessen ich
vorher schon erwähnet; dann erst, wenn beide
vereinigt sind, ist es der Weisen Stein oder
Materie, davon sowohl unsere Erde, als

unser Himmel, oder wie Baſil ihn hier nennt,
flüchtiges Feuer entſpringt.''

„Ebenſo wird zu der Geburt des philo=
ſophiſchen Steins, daß ich es noch einmal
age, unſere jungfräuliche Luna erfordert,
wenn ſchon die Philoſophen nicht ſtets ſelbes
erwähnen, auf daß ſie den aſtraliſchen flüch=
tigen Schwefel, Feuer oder Sonne in ſich
faſſe, und ihn als einen unzerſtörlichen himm=
liſchen Schwefel oder Licht wieder gebähre ꝛc.
Durch dieſes geſchiehet jenes, was die Phi=
loſophen ſagen: daß man das Auswendige der
Materie einwärts, und das Inwendige aus=
wärts kehren ſoll.''

„Es iſt ein Stein, und doch kein Stein''

„Aus angeführten iſt nun klar zu erſehen,
wie die philoſophiſche Materie, ungeachtet
ſie aus mehreren, um mich nochmals ſo aus=
zudrücken, Steinen und Staalen entſtehet,
nur eine Materie ausmache, wie jene nur
eine Kette geſtaltet, daß kein Zweifel übrig
bleiben kann, weil die philoſophiſche Steine,

wie seine der Kette einander gleich und eines
Wesens sind, so, daß eine und die andere
zusammengeschmolzen werden, selbige nur ei-
nen Stein, oder eine gleichförmige Sache
ausmachen. Daher auch die Philosophen,
wenn sie von unserer Materie unter dem
Gesichtspunkte des mineralischen Reichs reden,
eben in der mehrern Zahl sprechen, als: aus
Metallen und Mineralien machen wir unsere
Medicin oder philosophischen Stein. — Aus
Metallen, durch Metalle und von Metallen ꝛc.
Denn sie betrachten in diesem Falle unsere
Materie, weil sie einen Körper hat, als
ein Metall sowie ihren flüssigen Theil als
Mineral, und die nichts anders sagen wollen,
als obbemeldte Steine und Staale.''

,,Wie aber die nämliche einige Materie
eins, und zugleich zwei — drei — vier —
fünf und doch nur eins seyn kann, ist auf
folgende Art zu verstehen. Die Materie ist
zwar eine, entstehet aber aus zweien Wesen
einer Wurzel, wie schon gemeldet worden ist;

die in sich ihre drei Anfänge hat, Geist, Oel
und Salz, oder Geist, Seel und Leib; diese
aber entstehen hinwiederum aus ihren, in
gleichem Naturverhältniß vereinigten vier
reinen Elementen; die nach gehöriger
Vereinigung und Erhöhung das fünfte Wesen ausmachen, welches wieder eins ist.
So ist das Ende dem Anfange immer gleich.‟

„In ihm wirkt die Natur allein‟

„Dieser Vers wird klar, wenn man betrachtet, daß der Mensch für sich nichts hervorbringen kann, was eine wirkende, wach-
sende und belebende Kraft hätte, ausgenommen mit der Natur. Da nun unser Stein
die Macht hat, wie alle Philosophen bezeu-
gen, daß er sich selbst in seinem Blute auf-
löse, oder ehelige, schwängere, tödte, lebendig mache, auferstehe und verherrliche; so
kann es wohl nicht anders geschehen, als
durch die Natur, dessen Geist er auch selbst
in sich hat, und nur der hülfleistenden Hand
des Künstlers bedarf, daß, selber nämlich

nichts anders thue, als die zwei Wesen uns=
erer Materie vermische, das Ueberflüssige,
und das ihr von andern zugegangene fremde
absondere, theile, reinige, vereinige und in
dem Ehebette der Natur warte, damit die
Natur alles wirken, ändern, zeitigen und
herfürbringen könne, nach dem Grade in dem
sie steht."

„Daß daraus springt ein Brünnlein klar."

„Diesen Vers deutlich auszulegen, kann
wohl nicht statt haben, man erfreche sich
dann jenes zu entweihen, was heilig blei=
ben soll, und was keiner der Philosophen in
seiner Gewalt zu seyn vermeint hat; mir
steht es um so weniger zu, jenes gegenwär=
tig durch eine deutlichere Erklärung zu pro=
phaniren, als ich in Auslegung der vorher=
gehenden Versen vielleicht schon zu deutlich ge=
wesen bin. Sendivog sagt selbst von sich
in Beschluß der zwölf Traktätlein, „daß er
alles öffentlich gesagt habe, bis auf die Aus-

ziehung unsers salis ammoniaci oder mer-
curii philosophici nebst seinem Gebrauch,
und dieselbe soll allein Gott offenbaren,
der der Menschen Herzen und Gemüther
kennt."

„Nun ist genug von diesen Versen geredet und ausgelegt, und will ich mich also, da=
mit ich meinen Freunden ihre Geduld nicht
ermüde, zu dem zweiten Capitel wenden,
und anzeigen, was der schwarze große Stein
im untersten der Kette des goldenen Blief=
ses, samt den sieben rothen oder feuri=
gen Tropfen oder Thränen bedeute."

„Der schwarze Stein in der Kette des
goldenen Bließes, ist ein einzelner schwarzer
Stein, größer als die andern, der unten,
da die übrigen Steine sammt ihren Staalen
von beiden Seiten zusammenkommen, und
in ihm endigen, mit einem größeren Staale
sich befindet; der aber nicht wie die übrigen
bloß goldene, sondern auf denselben von émaille

gemachte feuerfarbe Flammen beiderſeits aus-
wirft, auf welchen ſchwarzen Steinen ſich
ſieben rothe Thränen oder Tropfen befinden.

„Ich habe bereits erklärt, daß die übrigen
Steine und Staale dieſer Kette unſere Materien andeuten, daß ſie nach gehöriger Vereinigung und Auflöſung unſer chaotiſch ſchwe-
res Waſſer ausmachen. Ich habe ferner die
Theilung oder Scheidung deſſelben aus dem
erſten Capitel der Schöpfung gezeigt, durch
welche ſowohl unſer Oberes (superius), das
iſt obere Waſſer oder Himmel, als Unteres
(inferius) oder unteres Waſſer entſtehen; und
wie wir aus dem Obern wieder unſere Sonne,
Mond und Sterne, alſo auch aus dem Un-
tern unſere Erde überkommen; welche, wenn
nach wahrer philoſophiſcher Art verfahren
worden iſt, endlich in die Schwärze über-
gehet; welches eben dieſer ſchwarze Stein
benannter Kette vorſtellt, und ſagen will.
Seine zwei große feuerrothe Flammen aber
deuten an, daß in demſelben viel ein ſtär-

teres, in seinem Mittelpunkte zusammenver-
einigtes Feuer sich befinde, als wohl die andern Steine der Kette, oder vielmehr er selbst,
der von selbsten entstanden ist, Anfangs gehabt hatte. Unsere wahre Materie würde
nicht in diese wahre Schwärze übergehen
wenn sie nicht die vorher beschriebene Ent-
bindung und Veränderung litte, als durch
welche allein die vier Elemente sich so innig
verbinden und in ein solches Gleichmaß kommen, daß sie dann die wahre Schwärze ausmachen können, welche nichts anders ist, als
eine vollkommene Vereinigung aller Bestand-
theile der Materie in dem innigsten unter sich
selbsten.“

„Diese schwarze Erde ist nach den Philosophen: die Kröte, welche den Adler oder
Geist auffrißt — unser philosophischer Saturn, der den Mond auffrißt, und in seinem
Bauche bewahret, — die Erde, die begierig den goldenen Regen in sich schlucket —
unser Baton, der gewaschen, oder unser Naa-

man, der siebenmal muß gebadet werden —
mit einem Wort: die Erde, über welche wir
unsere Planeten durch ihre Himmels-
kreise laufen lassen, bis daß sie in dem Hause
der Sonne stehen bleibet, oder diese Erde ist
der göldische Magnet, der unseres astralischen
oder geistigen Goldes, oder unseres himmlischen Mercurs oder Geistes, eine solche Menge
an sich ziehet, und in seinem Mittelpunkte zusammen vereiniget, daß diese Erde die nächste
Eigenschaft überkommt, das philosophische
oder lebendige Gold zu werden.“

„In dieser Arbeit, wenn sie vollbracht
worden, sind alle Räthsel, sowohl des Löwen,
den Herkules umgebracht, als der feuerspeien-
den Drachen, die zur Bewahrung des Gartens der Hesperiden, als auch des goldenen
Vließes Jasons, und wie mehr andere dieser
Art gegeben werden, aufgelöst, denn das ir-
dische fixe Feuer dieses schwarzen Steins wird
durch das himmlische flüchtige gemildert, nicht
minder sein Körper gereinigt und aufgelöst,

je nachdem der Geist bestätigt und leibhaft
wird; und um wieder mit wenig Worten Alles
zu sagen: die Erde zum Himmel, und der
Himmel zur Erde worden, beide Paten in
Einem Mittelpunkte gekommen, daß sie nun
ein vollkommenes oder vollständiges Wesen
ausmachen, in welchem sich Leib, Geist und
Seele befinden, und zwar: als ein reiner —
krystallischer — himmlischer — unsterblicher
Geist; ein reines — rubin= und granatfar=
ben — himmlisches — unverbrennliches Oel;
und ein reines — schneeweißes — himmli=
sches — unzerstörliches Salz; die ein Weiser
herauszubekommen, und in Mann und Weib
zu schaffen wissen wird, wenn er vorher das
Dreieck in einen Kreis oder Einheit gebracht
hat; welche Einheit durch genaue Ueberein=
stimmung des Quadrats oder der vier Ele=
menten bewerkstelligt wird.‘‘

„Ich habe der sieben rothen Tropfen in
dem großen schwarzen Stein des goldenen
Vließes noch nicht erwähnt; ich hoffe auch,

daß ich nunmehr nach dem Vorhergegangenen nicht mehr nothwendig haben werde, etwas davon zu erörtern, zum wenigsten Denen nicht, für die ich Gegenwärtiges schreibe, denn sie werden von selbst eingesehen haben, daß diese sieben rothe oder feurige Thränen oder Tropfen, die vorhin erwähnte sieben Eintränkungen unsers feurigen oder göldischen Wassers bedeuten, als der so vielen Einflüsse unsers gestirnten Himmels oder Planeten in unsere Erde, die eben unsere Metalten in selber herfür bringen."

„Von dem Widderfell endlich. Der Widder wird bei den Philosophen in einem dreifachen Verstande genommen. Erstens als ihr gemeiner Widder, oder die anfängliche Materie, ich verstehe, was die Sonne und Mond zusammen vereinigt ausmachen, dem wir die Haut abziehen müssen, wie die Philosophen sagen, um sein inwendiges Fleisch und Blut oder göldischen Schwefel oder Feuer, den er, nach Sendivog, in seinem Bauche

trägt, nach Art, wie durch die Staale aus
den Steinen das Feuer herausgezogen wird,
zu bekommen."

Zweytens, als ihren goldenen Widder,
der forthin goldene Wolle trägt, oder die zur
Vollkommenheit gebrachte Materie, das ist:
die bereits wahre Goldtinctur oder philosophi=
scher Stein, der in dem Himmelszeichen des
Widders vollbracht wird, wie er in demselben
seinen Anfang nimmt, wie ich gleich vermel=
den werde, und der nachmals kein Jahr mehr
braucht, um goldene Wolle oder Früchte zu
tragen, sondern des Jahres öfters, bloß durch
die Auflösung und Wiedergerinnung zuwegen
kann gebracht werden."

„Drittens, als ihren gestirnten Widder,
oder die Zeit, in welcher dieses große Werk
muß angefangen und meistens auch geendet
werden; ich sage meistens, weil der nasse und
trockene Weg nicht Endungen haben. Nach=
dem ich von den zwei erstern Gegenständen

bereits geredet habe, so bleibt mir nur der
dritte übrig, von dem ich weitläufiger reden
will, auf daß auch dieses Sinnbild der Kette
des goldenen Vließes oder Widderfelles auf
unsere hermetische Kunst desto leuchtender in
die Augen falle, von welchem Sinnbild sich
der Profane oder Laie wunderliche Gedanken
gemacht hat, so, daß ich mich selbst nicht genug wundern kann, wie doch auch sonsten
vernünftige und in ihrer Sphäre vollstän-
dige Männer auf so alberne, und in sich
schmutzige Gedanken, deren ich nicht einmal erwähnen mag, haben verfallen, und einen so edlen und erhabenen Ritterorden, der
ein Vertheidiger und Beschützer der christlichen
Religion sowohl, als der Tugend und Unschuld ist, einen niedrigen Ursprung nach ihrer
Phantasie haben zumuthen können. Die
Zeit also belangend, ist der Monat März, und
zwar, wenn die Sonne in den Widder eintritt, wie dann auch dieser Monat zum Himmelszeichen den Widder hat.„

„Den Weisheitsöhnen ist die Wirkung
dieses wohlthätigen Planetens bekannt; und
daß alles Gute von Osten komme. Ich habe
also nur den Anderen wieder in möglichster
Kürze zu sagen, daß dieses belebende Licht,
die Sonne, da es in unserem Horizonte näher
kommt, Alles durch den Einfluß ihrer lebendigmachenden Hitze, neuerdings belebe; und
einen unsichtbaren wirkenden Geist in alle Ge-
schöpfe unter dem Monde einführe; mittelst
welchen der Erdboden anfängt zu keimen und
zu grünen, die Bäume sich zu bekleiden, die
Thiere, sowohl eierlegende als andere sich zu
gatten; mit einem Wort, Alles, der Mensch
nicht ausgenommen, wird durch die Entfalt-
ung dieser lebendigmachenden Hitze; Feuer
oder Geist und astralischen Salzes gestärkt,
folglich auch unsere philosophische Materie zu
unserm Werk kräftiger und geschickt. Das
haben die Philosophen von jeher, viel
Jahrtausenden, wenn sie unser großes Her-
metisches Werk zu bearbeiten unternahmen,

um dieser Zeit nämlich in dem Zeichen des Widders angefangen."

„Zum Beschluß sage ich, daß aus allem dem, was ich bisher angeführt habe, genugsam erhellt, wie ich gleich Anfangs voraus setzte, daß die Kette des goldenen Vließes oder Felles ein wahrer Inbegriff der ganzen hermetischen Philosophie oder des Stein der Weisen seye; welches auch noch die Worte: „Precium non vile laborum," die um den schwarzen Stein dieser Kette stehen, der ich im Anfang schon erwähnet, bestätigen. Und dann die „Ante ferit quam flamma micet," die auf dem Ordenskleide mit Gold, nebst Widder, Staale, Steine, Feuerflammen, Feuerfunken, gestickt sich befinden. Denn, wer laut der erstern Worte oder Ueberschrift seinen Arbeiten recht glücklich vorstehet, bekommt in der That keinen schlechten Werth, sondern den allergrößten, der sich nur denken läßt, gegen den auch Königreiche noch nicht in Vergleich können gezogen werden. Diese Worte haben aber noch einen zweiten geheimen Sinn, und zwar, daß man auf den Werth, und nicht auf die Gering= heit der Materie und Arbeiten sehen soll; welcher letztere Sinn zugleich ein aber= maliger Beweis ist, was ich von der philoso= phischen Materie bei Gelegenheit der gemei= nen Steine dieser Kette angeführet habe."

„Die zweiten Worte deuten die Arbeit selbst an, indem sie zu verstehen geben, daß man nicht ohne stoßen, schlagen, reiben und schweren Arbeiten mit unsern Staalen aus unsern Steinen oder unsern Widder die schimmernde und glänzende Flamme oder Lichtwesen überkommen möge. Zu diesem Wortverstande gehören auch noch die Kleider dieses Ordens, die zum wenigsten bei seinem Ursprung dreierlei waren, als schar= lachroth, weiß, und schwarz, die die Ritter an hohen Festen anlegten, welche die drei Haupt= farben und Verwandlungen unsers Steins in der

der Arbeit zum Gegenstande haben, von denen
ich bereits Meldung gethan."

So weit das alte Buch, zu Nutz und
Frommen der Ritter des goldnen Fließes, die
vielleicht auf diesem Wege zum erstenmal
erfahren, was ihr Orden eigentlich zu bedeuten hat.

Zwölftes Capitel.

Theater. — Burgtheater. — Schreyvogel. — Demoiselle Peche. — Seydelmann. — Theater am Kärnthnerthor. — Demoiselle Fanny Elsler. — Theater an der Wien. — Leopoldstädter Theater.

Man sagte mir, daß sich bisher alle Gespräche in der Kaiserstadt um Theaterangelegenheiten gedreht hätten, bis in der neuesten Zeit die Politik und die Cholera die Aufmerksamkeit etwas von den Brettern, so die Welt bedeuten, auf die wirkliche Welt abgelenkt hätten.

Ich hatte das Unglück, im Burgtheater nur noch Eine Vorstellung zu sehen, da es am 1 Julius auf einen Monat geschlossen wurde, und was ich sah „Verbrechen aus

Ehrsucht" lohnte sich der Mühe nicht. Dieses niederträchtige Stück, in welchem ein Sohn die Casse des Vaters bestiehlt, und zuletzt doch ein edler Jüngling bleibt, erregte gleichwohl im Publicum kein Mißfallen, im Gegentheil sah ich viele Tücher zarter Damen mit Thränen benetzt, ja weil meine schöne Nachbarin so gar schön weinte, schämte ich mich sogar, daß ich nicht mitweinen konnte. Und eben so ein empfindsames Kind lacht über die ägyptischen Todesfratzen. Uebrigens sah ich bei dieser Gelegenheit den Herrn Costenoble, der seine Sachen recht brav machte, und die alte Frau von Weißenthurn, die mir schon sehr invalid vorkam, der aber das Publicum eine Achtung bezeugte, in der alle ihre Verdienste um das Theater sich spiegelten.

Leider, leider sah ich die schöne Therese Peche nicht, die uns in Stuttgart nur zu früh verlassen. Ich kann mir ein Käthchen von Hellbronn, eine Julia, Emilia

17 *

Galotti, Recha, Cordelia, ein Mädchen von
so tiefer romantischer Eigenthümlichkeit, das
doch nichts weiter ist, als eben ein rechtes und
natürliches Mädchen, solche seltene Charaktere,
wie sie nur die größten Dichter unter der
günstigsten Constellation hervorbringen, ich
kann, ich mag sie mir von niemand Anderm
dargestellt denken, als von Therese Peche.
Dieses Mädchen ist keine gelernte Schauspie=
lerin, kein Mädchen der Jetztwelt, sie kommt
gerade heraus aus der romantischen Vorzeit,
oder aus dem Wundergarten der Poesie, und
scheint sich nur aus nachgiebiger Güte unsern
heutigen Sitten zu fügen, und auch dann
nur mit einer gewissen mittelalterlichen An=
muth, überall an sich tragend den fremden
Zauber, der mit allem in Verbindung steht,
was sie berührt. Hier ist die Kunst gar
nichts, die Natur alles, die Schule gar nichts,
die Person alles. Gebt dieser Therese Peche
nur eine Blume zum Ansehn, und ihr werdet
mehr Ophelia in ihr erblicken, als in dem

durchdachteſten Spiele der berühmteſten Schau=
ſpielerin während eines ganzen Abends.

Man bedauerte ſehr, den trefflichen Schau=
ſpieler Seydelmann, der vor kurzem hier
Gaſtrollen gegeben, nicht für immer in Wien
gefeſſelt zu haben. Seydelmann iſt nächſt
Devrient der größte unter den jetzt lebenden
deutſchen Schauſpielern, aber ſehr von De=
vrient verſchieden, obgleich er beinahe durch=
gängig das nämliche Rollenfach hat. Devrient
iſt mehr ſubjectiv und romantiſch, Seydel=
mann mehr objectiv und claſſiſch. Devrient
geht mit ſeiner Individualität mehr in die
des Dichters, Seydelmann mit der ſeinigen
mehr in die des Helden ein. Daher paßt
Devrient vorzüglich zu den Rollen, in wel=
chen ſchwärmeriſche Dichter, wie Schiller
und einige neue Schickſalstragöden der Na=
tur etwas Gewalt angethan haben; Seydel=
mann dagegen weit beſſer zu den Rollen, die
wahr und natürlich ſind. Als Philipp II.
und Franz Moor z. B. geht Devrient ganz

auf die Laune des Dichters, auf das Ueber=
schwengliche, Groteske, unnatürlich Krampf=
hafte ein, und gibt uns das Ueber= oder
Unmenschliche wieder, das sich der Dichter
dabei gedacht hat; Seydelmann vermeidet
dagegen dieses Carrikiren und hält sich an das
Menschliche in jenen Rollen. In so fern
entsprechen seinem Talente aber solche über=
triebene Charakterrollen weniger, als Rollen
von Shakespear, Lessing, Goethe, Mollière,
Iffland, Schröder, worin Wahrheit und
menschliches Maaß ist. In solchen Rollen
ist er unübertrefflich, und steht höher als Iff=
land, der in der Nachahmung der Natur
immer mit zu viel Eitelkeit seine Kunst zeigte.
Bei Seydelmann verschwindet die Kunst so
ganz in der Natur, daß der Beifall oft den
Künstler über seinem Werke vergißt.

Ich habe vor einiger Zeit die künstlerische
Eigenthümlichkeit Seydelmanns in einigen
Epigrammen im Morgenblatt zu bezeichnen
gesucht, und wiederhole sie hier:

Weil Du, der Kunst Heros, doch fromm der Natur
nur gehuldigt,
Dankbar mit reicher Gunst hat Dich beschenkt
die Natur.

Deine Manier, sie hat noch keiner erkannt, denn in
jedem
Andern Charakter zeigst ihn Du, und niemals
Dich selbst.

Fruchtbar werden in Dir die verborgensten Keime
der Dichtung,
Daß sich der Dichter in Dir neu sieht, und doch
nur sich selbst.

Studium hütet Dich vor dem Uebermaß der Natur-
kraft,
Vor der Schule Manier wahrt Dich die sichre
Natur.

Was nur Garrik gethan, und was nur Lessing durch-
dacht hat,
Hast Du wie Lessing durchdacht, hast du wie
Garrik gethan.

Künstler fehlten uns nicht, doch sehr hat die Kunst
uns gemangelt,
Echter Künstler, in Dir neu wird lebendig die
Kunst.

Hundert Mimen verstehn nur sich zu zeigen im
Kunstwerk,
Immer das Kunstwerk nur hast Du in Dir uns
gezeigt.

Glücklich der Dichter, dem, so wie Du, ein Mime
geworden,
Denn in Deinem Triumph fehlte der seinige
nie.

Weil Du der Dichtkunst dienst, so dient Dir wieder
die Dichtkunst,
Machst Du uns schöner das Stück, schöner auch
zeigt es Dich selbst.

Aber des Mimen Kunst ist vergänglich, nur ewig
die Dichtkunst,
Drum in den Marmorvers grab' ich, o Mime,
Dein Bild.

Und verwitterte Namen und Bild und jeglich Ge:
dächtniß,
In der Regel der Kunst dauert unsterblich Dein
Geist.

Weil Seydelmann den wahren Beruf der
Kunst kennt, und derselben die persönliche
Eitelkeit des Künstlers unterordnet, so ist er
ein eben so vollkommener Regisseur als
Schauspieler, und die Wahl und das Arran=
gement der Stücke kann in keiner Hand besser
aufgehoben seyn, als in der seinigen. Gründ=
liche dramaturgische Kenntnisse, ein äußerst
gebildeter und gewählter Geschmack, der über=
schauende combinirende Blick der theatrali=
schen Compositeurs, und im Einzelnen die
exacteste Ordnungsliebe, der angeborne Takt
und die reichste Erfahrung vereinigen sich in ihm
zu einem Musterregisseur, der unter günsti=
gen Umständen wohl im Stande wäre, das
ganze deutsche Theater zu reformiren.

Als Schauspieler geht er in Costüm,
Haltung, Mienen und Sprache in jeder
Rolle Eigenthümlichkeit so ganz ein, daß man
ihn in verschiedenen Rollen sehen kann, ohne
denselben Schauspieler wieder zu kennen.
Die bewunderungswürdigsten Rollen, die ich

von ihm gesehen, sind folgende: Mephisto=
pheles, Carlos in Clavigo, Tartuffe, Shy=
lok, Nathan, Marinelli, Franz Moor, Ad=
vocat Wellenberger in Ifflands Advocaten,
Graf Klingsberg in beiden Stücken von Schrö=
der und Kotzebue, Abbé de l' Epée, Ossip
in Isidor und Olga, Danville in der Schule
der Alten, der Alpenkönig, der Verschwie=
gene wider Willen, Hofmarschall von Kalb,
Graf Balken in der Schachmaschine, Karl
XII, Koch Vatel, der Hofmeister in tausend
Aengsten, der gutmüthige Polterer, Geheime=
rath Seeger in Ifflands Erinnerungen.

Königliche Würde steht ihm eben so zu
Gebote wie die lächerlichste Komik, der herz=
gewinnende Ton des väterlichen Freundes eben
so, wie die feinste Verschmitztheit, die Miene
des genialen geistreichen Mannes eben so wie
die Miene der Albernheit, die Hinfälligkeit
des Alters und der Krankheit eben so wie
der übermüthigste Jugendmuth. An Mas=
ken unerschöpflich, erregt er noch mehr Be=

wunderung durch die Treue, mit der er
jede gibt.

Herr Schreyvogel, genannt West,
dessen dramaturgischem Talente das Burg=
theater seit einer langen Reihe von Jahren
so viel verdankt, ist ein liebenswürdiger und
kräftiger Greis, den ich ganz so fand, wie
ich mir ihn gedacht, einfach, scharf, gerade=
zu. Als Kritiker hat er schon vor vielen
Jahren die Sache des gesunden Menschen=
verstandes gegen die herrschenden Modethor=
heiten kräftigst in Schutz genommen, obgleich
die Stimme des Oesterreichers unter dem
norddeutschen Literaturlärm verhallte. Jüngst
sind seine Aufsätze wieder gesammelt erschienen.

Im Theater am Kärnthnerthor
hörte ich einige gute Opern, deren Genuß
mir durch die herrliche Stimme des Tenoristen
Wild sehr erhöht wurde. Auch sah ich
hier ganz vorzügliche Ballete, in denen die
beiden Demoiselles Elsler, insbesondere
Fanny Elsler, brillirten. Tänze, Pantomimen

Coſtüm, Decorationen und Maſchinerie ließen nichts zu wünſchen übrig.

Wenn Demoiſelle Taglioni auch in der Grazie des eigentlichen Tanzes unübertrefflich bleibt, ſo ſteht ſie doch, in der Wahrheit der Pantomime hinter Fanny Elsler zurück. In dem Ballet Blaubart entwickelte dieſelbe das, was man „die Grazie des Schrecklichen" nennt, in einem Grade, den nicht leicht eine Schauſpielerin erreicht. Auch hat die Direction in den Chören für hübſche Mädchen geſorgt, was ſehr weſentlich iſt, denn je weniger die Choriſtinnen ſich durch ihre Kunſt auszeichnen können, deſto mehr ſollen ſie es durch ihre Natur, und Schönheit iſt bei Balletten, die nie maleriſch genug ſeyn können, eine Hauptſache. Eine Tänzerin zweiter Größe, eine Roſe neben der Lilie, eine kleine, warme gaukelnde Sylphide, wie Demoiſelle Mée Saint=Romain, fand ich hier nicht.

Das Theater an der Wien iſt das größte dem Raume nach, und es werden ge-

wöhnlich Spectakelstücke daselbst aufgeführt;
allein ich fand die Wahl der Stücke eben so
gemein, als das Schauspielerpersonal. Ein
Herr Kunst war an Figur und Organ aus=
gezeichnet, doch ist hier wohl keine gute
Schule für ihn, Einige Schauspieler waren
so erbärmlich, als man sie bei irgend einer
herumziehenden Truppe finden kann. Die
Naivetät des „Pfefferröschens,‟ im Stück
gleiches Namens, konnte nicht übertriebener
seyn.

Das Leopoldstädter Theater hat
viel an seinem Glanze verloren. Raymund
und mehrere andere seiner vorzüglichsten
Schauspieler haben es verlassen. Ich sah
nur noch den bucklichten Herrn Schuster,
dessen köstliche Figur und Laune allerdings
mein Zwerchfell sehr erschütterte.

In den Stücken, welche für diese Bühne
geschrieben werden, scheint immer mehr der
moderne bürgerliche Spaß das alte romantische
Mährchenelement zu überwiegen. Zwar spielt

die Feenwelt noch immer eine große Rolle,
aber nur höchst selten findet man in ihr noch
etwas Tragisches oder Edles, wie im Donau=
weibchen und im Alpenkönig. Insgemein
erscheint sie carrikirt, ironisirt sie sich selbst,
und zieht nicht die Wirklichkeit zu sich her=
auf, sondern läßt sich zur platten Gemein=
heit herab. Es wäre Schade, wenn auf
diese Weise jene eigenthümliche Gattung dra=
matischer Volksmährchen zuletzt unterginge.
Die Anlage derselben ist einer größern Aus=
bildung fähig, und es macht sich darin et=
was Nationelles geltend, das vielleicht das
einzige Nationelle am deutschen Theater ist.
Alle unsere berühmten dramatischen Dichter
haben von den Engländern, Franzosen, Ita=
lienern, Spaniern und von den Alten ge=
lernt, nur die Mährchenposse ist uns eigen=
thümlich.

Uebrigens entsprechen die vier Wiener=
Theater dem theatralischen Bedürfnisse. Kleine
Intriguen= und Charakterstücke gehören auf

das eine, große Spectakelstücke auf das an=
dere, Possen und Carricaturstücke auf das
dritte, Opern endlich und Ballette auf ein
viertes Theater. So bleibt jede Gattung
am besten von der andern gesondert. In
allen diesen Gattungen insgesammt würden
wir Deutschen mehr leisten können, wenn wir
eine Centralstadt wie Paris oder London be=
säßen, und wenn die Theater nicht Hof=,
sondern National=Theater wären. Was die
Stücke selbst betrifft, so ist klar, daß der
eigenthümliche Geschmack der Deutschen noch
eine Menge prachtvoller historischer Schau=
stücke und kleiner Aristophanischer Satyren
verlangt, die uns bei allem Ueberflusse an In=
triguen= und Charakterstücken noch fehlen.
Aber dazu gehört erstens ein größeres Pu=
blicum, und zweitens politische Freiheit. Das
Glück, welches Schiller gemacht hat, beweist
wie viel Sinn der Deutsche für begeisternde
patriotische Schauspiele im großen Style hat,
und ich müßte mich sehr täuschen, wenn nicht

auch in dem überall vorschlagenden deutschen
Volkswitze der Reim zu trefflichen Schimpf-
spielen läge, deren tolle Lustigkeit und bittere
Satyre den Geist eines Aristophanes mit dem
derben Spaße der alten Fastnachtspiele und
Wiener Volksmährchen einte. Was ferner
die Schauspieler selbst betrifft, so werden dieselben durch die Verzettelung unserer kleinen
Theater, und durch die Hofintendanturen
sehr verdorben. Wenn sie nicht immer in
diesem oder jenem Winkel Deutschlands sitzen
blieben und verbauerten; wenn sie in einer
Riesenstadt sich mehr concentrirten, würden
sie auch mehr von einander lernen, und einen
größern Wetteifer zeigen, und wenn sie lediglich von der Gunst des Publicums abhingen,
so würde es der Mittelmäßigkeit nicht mehr
möglich seyn, bessere Talente zu verdrängen,
was auf den Hoftheatern bei dem oft sonder-
baren Geschmack der Höfe, und bei den Mai-
tressen- und Speichelleckercabalen nur zu oft
der Fall ist.

Man

Man spricht häufig von großen Veränderungen, welche der Bühne noch bevorstehen
sollen, von einer nothwendigen Wiedergeburt
des Theaters ꝛc. Ich kann daran nicht
glauben. Das Theater wird bleiben, wie
es ist; nur noch mehr sich entfalten; die in
ihm liegenden Gegensätze schärfer ausbilden,
und wenn einmal erst der abscheuliche Censur-
zwang und die polizeiliche Angst wegfällt,
auch intensiv gewinnen. Im Allgemeinen
aber wird es seinen gegenwärtigen Charakter
behalten, wie ihn unter allen europäischen
Städten, vornehmlich Paris ausgebildet hat.
Niemals wird das alte classische Trauerspiel
und Lustspiel untergehn, denn es wird sich,
selbst im romantischen Gewande, vermöge des
im Dichtergenie liegenden aristokratischen
Princips, immer fortpflanzen; es wird nie
an einem Publicum für ausgezeichnete Geistes-
werke, für Gedichte des ersten Ranges fehlen.
Auf der andern Seite wird aber auch das
demokratische Princip seine Rechte geltend

machen, und die Genrestücke, analog der
Genremalerei und dem historischen Roman,
werden ihre zeitgemäße Ausbildung erhalten,
in einer doppelten Richtung. Die sogenannten
Spectakelstücke werden mehr und mehr zu ge=
schichtlichen Tableaux werden, wie dieß
in Paris schon geschieht, und wirklich ist ein
treues Bild alter Zeiten auf der Bühne mehr
werth, als bloßer roher Ritter= und Geister=
lärm, und freien Nationen ist es ein Be=
dürfniß, sich der Eigenthümlichkeit fremder
Nationen und früherer Zeiten gegenüber zu
sehn. Zwar hat Berlin den Ruhm, zuerst
die Strenge des Costüms geltend gemacht zu
haben, doch haben erst in jüngster Zeit die
Franzosen einen geschmackvollen und ausge=
dehnten Gebrauch von dieser Neuerung zu
machen verstanden, und gewiß wird dieses
Genre immer mehr ausgebildet werden, theils
in Bezug auf das Frappante der historischen
Treue, theils in Bezug auf äußere Pracht. —
Die sogenannten bürgerlichen Schau= und Lust=

spiele werden auf der andern Seite mehr und
mehr in die Sittengemälde der Porte
St. Martin übergehn; die bei vielfacher Un=
vollkommenheit oder dermaliger Uebertreibung
doch der Anlage nach weit zeitgemäßer und
einer freien Nation angemessener sind, als
die bisher üblichen Theaterstücke, in denen
noch immer der Adel den dritten Stand, und
die muthwillige Jugend das Alter mißhandelt.
Man wird mir wohl gern glauben, daß ich
mich nicht zum Vertheidiger jeder Geistlosig=
keit und Modenarrheit aufwerfen will; allein
ich finde in jenen französischen Sitten= und
Charaktergemälden aus der wirklichen Welt
weit mehr poetische Anlage und einen weit
tiefern Zusammenhang mit der Zeit und mit
dem menschlichen Wesen überhaupt, als in
den veralteten Komödien.

In vieler Hinsicht ist die Kunst, und
vorzüglich die dramatische, dem Don Ranudo
de Coltbrados zu vergleichen. Stolz ver=
schließt sie sich mit ihren vornehmen Lumpen

in das kalte Haus, und verwirft die Hand,
die ihr das reiche Leben bietet, weil ihr dieses
Leben zu bürgerlich und gemein erscheint.
Allein umsonst sträubt sie sich. Die pedanti=
che nEltern werden sterben, und die junge
Tochter lustig dem Leben in die Arme fliegen.
Es kommt nicht darauf an, wie die französi=
schen Classiker und wie die vornehmen Historien=
maler thun, das Genre zu verachten, son=
dern vielmehr es zu veredeln. Dieß kann
aber natürlicher Weise nur da geschehn, wo
das Leben frei genug ist, sich mit allen seinen
Nüancen zu spiegeln. Eine philisterhafte
Zeit kann auch nur Philister auf der Bühne
sehen: Werden die Philister wieder zu
Menschen, so wird auch die Bühne wieder
wie das Leben des Zwanges ledig, frei, offen,
reich und vielgestaltig. Der Despotismus ist
den Charakteren selbst auf der Bühne feind=
lich; nur die größte Freiheit erträgt und er=
fordert sogar die größte Menge, Verschieden=
heit und Entschiedenheit derselben. Auf die=

selbe Weise zwängt der Despotismus das Leben
in ein enges Gleis, in wenige Situationen
und Decorationen ein, und nur die Freiheit
ist die Mutter großer Schicksalswechsel und
einer ewig veränderten Scene. Aus diesem
und keinem andern Grunde ist das französische Theater an innerem Reichthum, äuße-
rer Ausbildung und Einfluß auf das Volk
dem deutschen so sehr überlegen.

Dreizehntes Capitel.

Wiens Umgebungen. — Der Prater. —
Schönbrunn. — Tivoli. — Das Krapfen-
wäldchen. — Baden. — Erinnerungen
an Polen.

Wien sitzt wie die Perle im Golde; seine
Umgebungen sind mit allen Reizen der Natur
geschmückt. Die prachtvoll wogende Donau
und ihre grünen Inseln; das mit Dörfern
besäete fruchtbare Land; die nahen Hügel,
die, ohne die Aussicht zu sperren, nur
treffliche Standpunkte darbieten, das schöne
Panorama zu übersehen; endlich die hohen
Gebirge, die man in einer Tagereise erreicht;
alles dieß sind landschaftliche Reize, wie sie in
diesem Vereine selten eine Hauptstadt darbietet.

Den Prater sah ich leider nicht in der

Salzen, er war immer menschenleer; allein ich sah doch seine Naturreize, seine üppigen Alleen, die ungeheuren Räume dieses Waldes, der die Bevölkerung von ganz Wien zu fassen vermag.

Enger zusammengedrängt und doch höchst großartig und geräumig sind Garten und Schloß von Schönbrunn. Englische und französische Gartenkunst sind hier auf eine eigenthümliche Weise verbunden. Die dichtgedrängten majestätischen, in der üppigsten Blätterfülle grünenden Riesenbäume sind wie halbgeschliffene Edelsteine, nur vornen, nicht aber oben und hinten beschnitten, und bilden so ungeheure grüne Wände, die dennoch nichts Einförmiges haben. Die kolossalen weißen Statuen, die unter denselben in langen Reihen stehen, erscheinen trotz ihrer Größe in dieser grünen Perspective klein. Die Ansicht von Belvedere, das, einem leichten griechischen Tempel gleich, die Höhe beherrscht, ist unnachahmlich reizend und phantastisch. In der im

grünen Dunkel versteckten Menagerie habe ich
außer der allgemein vorherrschenden Reinlich=
keit vorzüglich die lebendigen Sträuße bewun=
dert und deren graziösen hochtorymäßigen
Gang. Die übrigen Bestien stellen nicht so
anmuthig die liebenswürdige Seite eines Hofes
dar, sondern mehr dessen versteckte Leiden=
schaften und Thorheiten; die häufige Paarung
von Menagerien mit Höfen hat daher etwas
Ominöses, und wenn ich die Ehre hätte Fürst
zu seyn, würde ich mir die Nähe der Bestien
verbitten. Was hat nicht der alte Karl X
um seiner Giraffe willen leiden müssen! Lie=
ber hätte ich die seltenen Pflanzen Schön=
brunns gesehen, aber Zufall und Mangel an
Zeit verhinderten es. Die Liberalität des
Hofs, die Jedermann den Eintritt in den
Garten gestattet, contrastirt sehr mit der Ab=
geschlossenheit des vorigen Königs von Eng=
land in Windsor, und mit der Verdunung
der Tuillerien, seit Ludwig Philipp sie be=
wohnt. Dieß trägt denn auch sehr viel zu

der außerordentlichen Popularität des Wiener
Hofes bei. Neben Schönbrunn erhebt sich
Tivoli. Wenn der Palast des Kaisers
stumm und dunkel im nächtlichen Schatten
des hohen Parkes liegt, überstrahlt der Palast
des Volks, in jeder Nacht wie ein Feenschloß
beleuchtet, den Glanz des Vollmondes und die
wilden, revolutionären Walzer von Strauß,
der Donner der Rollwagen, das wogende
Gedränge froher Menschen läßt ganz vergessen, daß wenige Schritte davon der alte Cä-
sar in seiner Burg schläft. — Tivoli ist das
Belvedere des Volks, nur einige hundert
Schritte vom kaiserlichen Belvedere; daher
hat es in derselben reizenden Lage unter sich
das große Panorama von Wien. Ich sah
von hier aus einen Sonnenuntergang, wie
ich kaum einen schöneren erlebt habe, und eben
so herrlich war die darauf folgende Nacht.
Die Ansicht Wiens erhielt an diesem Abend,
es war der 7 Julius, einen erhabenen Reiz
mehr, indem die große Porcellanfabrik in

Feuer aufging und ihre Rauchwolken über die Kaiserstadt wälzte.

Außer diesen nächsten Hügeln ist das etwas höhere und entfernter gelegene Kranzenwäldchen ein vorzüglich beliebter Vergnügungsort der Wiener. Ich suchte ihn zweimal auf, weil es mich natürlicherweise nur nach Punkten hinzog, von wo ich die Gegend übersehen konnte, nicht nach den zahlreichen andern Luftörtern, welche diesen Vorzug nicht theilen. Das vergnügliche Abenteuer, welches Graf Mailáth, Herr Braun von Braunthal, Herr von Bauernfeld und ich hier bestanden, wird uns Allen freundlich in Erinnerung bleiben, mir aber noch insbesondere die weite Aussicht über Wien, das Marchfeld, die Insel Lobau und die ganze schlachtenberühmte und jetzt in dem glücklichsten Frieden und schönsten Schmucke der Jahreszeit blühende Landschaft.

Mit Herrn Braun von Braunthal besuchte ich Baden, wohin uns ein Wiener Fiaker mit unglaublicher Schnelligkeit brachte.

Baden liegt am Eingange des Gebirges, wo
eines der lieblichsten Thäler sich öffnet, und hat
insofern die größte Aehnlichkeit mit Baden im
Schwarzwalde und mit Baden in der Schweiz,
wie schon Bührlen gefunden hat. Da ich
öfter in jenen beiden andern Baden gewesen,
kann ich nicht umhin, seine Bemerkung über
die große malerische, geognostische und medi-
cinische Uebereinstimmung dieser drei gleichlau-
tenden und berühmten Oerter hier zu bestätigen. Zugleich fällt mir dabei eine Anekdote
ein. Ich reiste im Herbst 1830 zwischen
Strasburg und Karlsruhe dem schönen Baden-
Baden, am Fuße des Schwarzwaldes vorüber, in Gesellschaft eines Kaufmannes aus
Lyon. Dieser schlug mir alles Ernstes vor,
mit ihm einen Umweg über Baden zu nehmen, um, wie er sagte, bei Gelegenheit den
Kaiser von Oesterreich zu sehen. Ich sagte
ihm, daß er sich sehr irre, denn Seine k. k.
Majestät befänden sich ganz zuverlässig nicht
in Baden. Er bestand jedoch darauf, und

behauptete, die Ankunft des Kaisers in Baden gestern in einer Zeitung gelesen zu haben. Ich erinnerte mich nun dieses Artikels ebenfalls, und belehrte den neugierigen Lyoner, daß Baden bei Wien ein ander Ding sey als Ba= den bei Rastadt, und daß er sich Deutschland ein klein wenig größer zu denken habe, als die Circumferenz der Bergstraße.

Das Baden bei Wien vereinigt eigentlich die Reize der beiden andern Baden, denn es hat, wie das Schwarzwälder Baden den Rhein, so die Donau, und wie das Aargauische Ba= den die Alpen, so die Schneeberge von Kärn= then und Steyermark in der Nähe. Vor beiden aber hat es noch die Nähe der großen Kaiserstadt voraus.

Erzherzog Karl hat hier am Eingange des Thales einen herrlichen Landsitz. Ich sah den ergrauten Helden selbst, der gleichwohl der Phantasie immer als ein Jüngling er= scheint, weil ihm allein in der Jugend zu handeln vergönnt war. Wäre dieser unser

Karl VIII geworden, Deutschland wäre vielleicht mächtiger als je.

Zugleich sah ich le fils de l'homme, oder wie wir Deutschen ihn naiver zu nennen pflegen, „den kleinen Napoleon." Dem Körper nach ist er übrigens größer als sein Vater, ein schlanker, sehr hübscher Prinz, den man, wie sonst nur die Prinzessinnen, lieb haben muß. Der obere Theil seines Gesichts ist ganz österreichisch; allein das kräftig untersetzte Kinn erinnert an den Vater, und wenn es wahr ist, was einige Physiognomen behaupten, daß sich die Charakterstärke in diesem Theile ausdrücke, so wäre dem Prinzen aus der überreichen Erbschaft seines Vaters durch einen glücklichen Zufall gerade das Beste zu Theil geworden. Die öffentliche Meinung in Wien urtheilt äußerst günstig von dem Prinzen, nicht bloß in Bezug auf die gewöhnlichen Prinzentugenden, als Herzensgüte, Herablassung ꝛc., sondern hauptsächlich in Bezug auf seine Geistesfähigkeit. Das beste Bild

von ihm sah ich im Atelier des geschicktesten
Wiener Portraitmalers, Herrn Daffinger.

Ich besuchte auch das Schlachtfeld, auf
welchem Johann Sobieski die Türken ge=
schlagen und Wien vom Untergange gerettet.
Nicht ohne die tiefste Wehmuth übersah ich
von dem Hügel, auf welchem noch jetzt Ueber=
reste einer Türkenschanze befindlich sind, und
wo das ärgste Gemetzel gewesen, die pracht=
voll ausgebreitete Kaiserstadt, die blühenden
und volkreichen Dörfer rings umher. Das
Horn des Ueberflusses schien ausgegossen über
diese Landschaft, eine der reichsten der Erde.
Und unweit von hier war eben jetzt das hel=
denmüthige Volk der Polen im fürchterlichen
Kampf auf Leben und Tod begriffen, und
was that nun das stolzprangende Wien, um
die Ehrenschuld an Polen heimzuzahlen?
Ruhig zogen die glänzenden Bataillone zur
Parade, ruhig wogte die unermeßliche Be=
völkerung durch die Straßen der Kaiserstadt,
dem Vergnügen nach. Wie wenig gehörte

dazu, dießmal Polen zu retten, ein Wort
nur, ein einziges armes Wort. Doch
ward es nicht gesprochen, und ein scharfer
Nordost, der von dem Felde des Todeskam-
pfes herüberwehte, schnitt mir wie eine Sense
durchs Herz. Dieser kalte Grabeswind des
Nordens, wird er nicht anschwellen zum
Sturme, um Europa's Blüthen zu knicken?
Wird er euch verschonen, ihr fröhlichen Völker
der Donau? Wird euch nie die Stunde kommen, da ihr euch erinnert, ihr hättet wohl-
gethan, dankbar zu seyn?

Ich würde indeß den Wienern schweres
Unrecht thun, wenn ich verläugnen wollte,
was ich überall unter ihnen gehört und ver-
nommen. Das Schicksal Polens war nebst
der Cholera fast das ausschließliche Gespräch
und überall äußerte sich die wärmste Theilnahme für Polen. Begierig theilte man sich
jede Nachricht vom Kriegsschauplatze mit und
Jankowski's Verrath, der gerade in diese Zeit
fällt, erregte bittern Unmuth. Eines Abends

befand ich mich in einem der Wiener Thea=
ter, und gerieth zufällig unter eine Anzahl
junger Officiere. Sie sprachen von Polen,
und da das Stück, welches gerade aufgeführt
wurde, ziemlich langweilig war, äußerte einer
von ihnen, daß er, statt hier zu sitzen, lieber
im Lager der Polen seyn möchte. Mit gro=
ßer Theilnahme sprach man auch in Wien
von den wiederholten Adressen der Ungarn
an den Kaiser, worin sie denselben auffor=
derten, in Polen zu interveniren.

Seitdem nun ist Polens Loos, wenig=
stens für die nächste Zukunft, entschieden.
Was sie verloren, — noch lebt Gerechtigkeit
im Himmel, und sie wird richten über die
Schuldigen. Was sie gewonnen — die Krone
der Märtyrer, den ewig blühenden Lorbeer
des Ruhms und ein Anrecht an Europa, das
die kommende Zeit geltend machen wird.
Ganz Europa bleibt in ihrer Schuld, in der
Schuld der Sühne, die ihnen werden wird.
Und wie hoffnungslos auch ihre Aussicht in
die

die Zukunft scheinen möchte, sie haben wenig=
stens die Vergangenheit überwunden, und
mit den alten Fesseln das Recht der Verjäh=
rung zerbrochen. Man muß neue Fesseln
für sie schmieden, man muß ihre Sklaverei
von heute datiren, man kann den Untergang
Polens nicht mehr in eine graue Ferne zu=
rücksetzen, nicht mehr davon sprechen, als von
längst verjährten Dingen. Der ganze Zeit=
raum zwischen 1773 und 1831, der jenes
Recht der Verjährung zu begründen schien,
ist verschwunden. Die Basis von 1773
ist um sechzig Jahre vorwärts geschoben,
und Polen hat feierlich und mit der blutigen
Unterschrift von Hunderttausenden gegen die
Zumuthung protestirt, daß es eine alte Pro=
vinz Rußlands sey; es hat rechtskräftig mit
dem Schwerte bewiesen, daß es noch immer
Polen ist, das ewig junge, nie alternde.

Ich habe seitdem die Generale Ramo=
rino, Langermann, Sznyade, den Marschall,
Grafen Ledochowski und den Obristen Zaliwski,

der mit Wifozfi die Revolution in Warschau
begann und später die Expedition nach Wilna
commandirte, auf ihrer Durchreise durch
Stuttgart gesprochen. Die Soldaten waren
mehr geneigt, die Schuld des Untergangs
auf die frühere Zauderung der aristokratischen
Partei und auf Skrzynezki, dessen großen
Eigenschaften sie übrigens Gerechtigkeit widerfahren ließen, zu schieben. Der Landbote
Ledochowski dagegen ereiferte sich mehr über
die letzten Maßregeln und über Krukowiezki.
Seiner Meinung nach würde Alles besser
gegangen seyn, wenn die Aristokratie völlig
freie Hand behalten hätte; wenn die Demokraten mit ihren unzeitigen Reformen, mit
ihrem Argwohne und mit ihrer Insubordi-
nation nicht immer störend eingewirkt hätten.
Polen, sagt er, hatte Zeit und Kräfte genug, um sich Rußlands zu erwehren, aber
nicht genug, um zugleich innere Parteifra-
gen zu entscheiden. Es konnte nicht zugleich
die Freiheit nach außen erringeu und im

Innern reformiren, es mußte sich entschlie=
ßen, nur das Erste allein zu vollbringen, und
das Zweite auf ruhigere Zeiten zu verschie=
ben. Aber, fügt er hinzu, wir konnten nicht
verhindern, daß uns dieser Aufschub nur als
aristokratische Verschlagenheit ausgelegt wurde,
als ein bloßer Vorwand, um unsere Adels=
vorrechte zu retten, wir, die wir in demsel=
ben Augenblicke alles dem Vaterlande zum
Opfer brachten. — Mich dünkt indeß, daß
es weder auf den alten Adel noch auf die
liberale Partei, sondern lediglich auf den
Generalissimus ankam. Hätten die Polen
einen fähigen Obergeneral gehabt, so wür=
den sich beide Parteien, Adel und demo=
kratisch gesinnte Jugend, ihm gern unterwor=
fen haben, wie dieß sowohl Chlopizki als
Skrzynezki widerfuhr, so lange sie nicht durch
Zaudern und Laviren das Vertrauen verlo=
ren hatten. Der Vorwurf, den die obge=
nannten Generale dem Generalissimus Skrzy=
nezki machten, war der, daß er sich mit jun=

gen Adjutanten aus dem vornehmsten Adel
umringt, und weit fähigere Officiere von ge=
ringerer Geburt darüber vernachlässigt habe.
Die aus Frankreich gekommenen Officiere be=
klagten sich, erst dann ein größeres Com=
mando erhalten zu haben, als nichts mehr zu
retten war, und die jungen kühnen Wage=
hälse, welche die Revolution begonnen, be=
klagten sich ebenfalls, daß man sie zurücksetze.
Und in der That, wenn Ramorino bei sei=
nem großen Talente und bei seinem Eifer, sich
auszuzeichnen, früher an die Spitze einer be=
deutenden Armee gestellt, und nicht durch un=
nütze oder verrätherische Befehle in seinen
besten Absichten gehemmt worden wäre, so
würde Paskewitsch nie nach Warschau gekom=
men seyn; und wenn der junge Kriegsgott
Zaliwski, dessen unerhörten Kühnheit die Re=
volution am 29 November ihren ersten glück=
lichen Erfolg verdankt, statt des vornehmen
Verräthers Gielgud das litthauische Commando
erhalten hätte, so würde er unfehlbar Wilna

erobert haben, das er ja, troß des Verraths,
an der Spiße einer kleinen geretteten Schaar
dennoch anzugreifen wagte.

So lange in Europa die Integrität der
Nationen nicht zum obersten Princip des
Völkerrechts erhoben wird, so lange das Er=
oberungsrecht und die Habgier des Staatsin=
teresse's rücksichtslos die natürlichen Gränzen
der Sprachen und Volksstämme durchschnei=
det, darf Polen seine Wiederherstellung nicht
hoffen. Selbst wenn Frankreich den Osten
zum zweitenmal bändigte, wäre Polen noch
nicht hinlänglich gesichert, denn wer ist ihm
Bürge, daß es nicht im Interesse Frankreichs
zum zweitenmal, wie im Interesse Napoleons
liegen würde, das Princip der National=
integrität nicht aufkommen zu lassen. Man
hat oft behauptet, Napoleon habe Polen
nur aus Rüksicht gegen Oesterreich nicht wie=
der hergestellt. Er hatte jedoch einen tiefer
liegenden Grund, und zwar genau denselben,
der ihn vermochte, auch Italien nicht in seiner

Integrität wieder herzustellen. Er durfte nie
den Grundsatz gelten lassen, daß der Staat
und die Nation Eines sey; indem er seinen
Staat weit über die Gränzen der französischen Nation ausgedehnt hatte, mußte er
beständig fortfahren, die Völker zu theilen,
nicht sie zu vereinigen.

Es ist indeß Hoffnung vorhanden, daß
endlich doch in Europa einst das Princip der
Nationalität und der Untrennbarkeit des
Staats von der Nation obsiegen werde. Wie
auch nach einander die einzelnen Völker in
der Herrschaft über die andern abwechseln,
endlich müssen sie sich doch an einander ab=
reiben. Nach dem in jeder Nation liegen=
den Naturgesetze streben sie immer von neuem,
wenn sie einer fremden Nation unterthan
sind, sich loszureißen, wenn sie getheilt sind,
sich zu vereinigen.

Vierzehntes Capitel.

Abschied von Wien. — Cholera-Schrecken. — Salzburg. — Das Grab des Paracelsus. — Die Maultasche. — Heimkehr nach Schwaben.

Ich hatte Anfangs die Absicht, mit dem Dampfschiffe eine schnelle Fahrt auf der Donau hinab bis nach Belgrad zu machen; da indeß die Cholera über ganz Ungarn sich ausbreitete, so wäre ich auf der Rückreise durch die Cordons abgesperrt, und zu einer langweiligen Quarantaine verdammt worden. Ich wollte nun wenigstens bis Pesth, aber auch Pesth wurde gesperrt, endlich sogar Preßburg.

Am 15 Julius wurde Wien durch das Proclama in Schrecken gesetzt, das die gänz-

liche Sperrung Ungarns ankündete. So
reißend waren die Fortschritte der Cholera an
der Theiß und Donau aufwärts gewesen, daß
man den tödtlichen Gast jeden Augenblick
in Wien selbst erwartete, und Fremde und
Einheimische schaarenweise flohen. Alles
drängte sich nach Gesundheitspässen, ohne
die man nicht mehr über die bayerische Gränze
gelassen wurde. Man muß sich in die da=
malige Zeit versetzen, um den panischen
Schrecken vor der Cholera zu erklären.
Gegenwärtig hat die Furcht vor ihr abge=
nommen; damals aber war sie noch neu, und
man stellte sich die Gefahr viel größer vor.
Man hörte in Wien von nichts mehr reden,
als von der Cholera, und hatte für nichts
mehr Interesse. Ich dachte, das geht so
fort, und wird eher noch schlimmer, und
kommt etwa gar die Cholera selber, so mußt
du in irgend einem Nest an der Gränze drei
Wochen lang in Quarantaine liegen. Ich ent=
schloß mich also zur Rückreise, am 17ten.

Wehmüthig nahm ich von meinen zahlreichen Freunden Abschied, in der Hoffnung künftigen Wiedersehens; über das schöne sonnenhelle Panorama von Wien sah ich aber traurig den finstern Wolkenschatten des Todes laufen. Wie bald sollte statt der fröhlichen Festmusik hier die dumpfe Grabesglocke tönen, und statt der geputzten lachenden Spaziergänger, ein Pestkarren nach dem andern durch die öden Thore ziehen! In dieser Stimmung schrieb ich folgendes Lebewohl an die reizenden Wienerinnen:

Wer zählte zu der Sänger edlen Gilde
  Und zöge undankbar und stumm von hinnen,
  Und sänge nicht das Lob der Wienerinnen,
  Das Lob der Frauenschönheit, Huld und Milde?

Ihr führt den kleinen Liebesgott im Schilde,
  Denn wie die Kinder seyd ihr fromm von Sinnen,
  Und dennoch schalkhaft, voller List von innen,
  Wie jener Gott, der heiße, starke, wilde.

Der kalte Tod sogar, den Indien sendet,
  Naht er der Donau liebeseligen Auen,
  Ich weiß, daß er sein Ziel darin vollendet,

Und wenn zum Raube feine Flügel raufchen,
  Er läßt doch zärtlich diefe holden Frauen
  Ein Paradies nur mit dem andern taufchen.

Um der Cholera zu entfliehen, hatten fich
fo viel Menfchen zur Poft gedrängt, daß,
als fie Abends um 9 Uhr von Wien abfuhr,
ungerechnet der vielen Extrapoften, fchon zwei
Eilwagen nach Linz vorausgegangen waren,
denen nun noch drei andere folgten. Ich gerieth in den letzten, weil ich mich verfpätet
hatte, und diefer war, da alle andern Wagen
fchon requirirt waren, fo baufällig, daß er
mitten in der Stadt zufammenbrach. Doch
deckte der Schein der Nacht wohlthätig diefen
gewiß feltenen Unglücksfall der Wiener Poft
zu. Wir fchleppten das Wrack mit Mühe
und Noth in den Pofthof zurück, und
fpannten die Pferde ohne Umftände an den
einzigen noch daftehenden Wagen, der einige
Stunden fpäter nach Prag hätte gehen follen.
So kamen wir endlich, nach einer Stunde
Verfpätung von der Stelle, und flogen pfeil-

schnell durch das erleuchtete Wien und seine
Vorstädte, der übrigen Karawane nach.

In St. Pölten wurden wir wieder auf=
gehalten. Ein österreichischer Officier der
mitfuhr, stieg hier aus, um seinen früher hier
zurückgelassenen Degen zu holen. Da er
aber eine Viertelstunde ausblieb, und wir
durch diese Verzögerung noch weiter hinter
den übrigen Eilwägen zurückblieben, befahl
ich dem Postillon, weiter zu fahren. Dieser
aber stieg ab, den Officier zu suchen, und
kam nicht wieder. Ich ergriff nunmehr die
Zügel, um davon zu fahren, und beide zurück=
zulassen, als sie keuchend ankamen. Der
Officier, die freundliche Gutmüthigkeit selbst,
entschuldigte sich mit kindlicher Herzlichkeit,
und konnte gar nicht begreifen, wie ich so
grausam hätte seyn können, ihn zurück zu
lassen. Durch diese Sanftmuth besiegt, kam
ich mir beinahe albern vor, als ich ihm die
französischen Begriffe von Enthusiasmus des
Gesetzes verdolmetschte. Die Oesterreicher

sind das billigste Volk von der Welt, dar=
um sind sie noch nicht sehr eifersüchtig auf
Rechte.

Als wir das schöne Kloster Mölk hinter
uns hatten, umzog sich der Himmel, und es
fing an, sehr langweilig zu regnen. Der
Conducteur, ein alter Soldat, kam zu uns
in den Wagen, um uns die Zeit durch Er=
zählungen aus seinen vielen Feldzügen zu ver=
kürzen.

In Linz trafen wir die große Reisege=
sellschaft, die uns voraus geeilt war, dar=
unter einen Grafen, oder vielmehr eine
Gräfin (denn wer sieht auf den Grafen,
wenn die Gräfin schön ist), die mit ihrer
ganzen kleinen Familie und zahlreichen Diener=
schaft der Cholera entflohen, und trotz ihres
Rangs und Reichthums aus Laune den Eil=
wagen der Extrapost vorgezogen hatten. Wir
weilten nicht lange, und fuhren weiter, doch
dießmal anders verpackt in die Nacht hinaus.
Ich fand hier wieder einen katholischen Geist=

lichen, der sehr viel Verstand und Kenntnisse
verrieth, und mir ein äußerst klares und
übersichtliches Bild von dem gegenwärtigen
Zustande Böhmens entwarf. Da er seine ab=
solutistische und ultramontanistische Gesinnung
auf keine Weise verhehlte, äußerte er sich
ziemlich unzufrieden über die Stimmung in
Böhmen.

Als es Tag wurde, hörte der Regen auf,
und ich hatte von diesem Augenblick an wieder
das schönste Reisewetter. In Salzburg ge=
noß ich noch einmal den Anblick der Ge=
birge. Auch besuchte ich das Grabmal des
Theophrastus Paracelsus, der hier
nach langer Irrfahrt verschied.

Welche rührende Ueberraschung, als ich
die Seitencapelle der Kirche, in der er ruht,
voll von knieenden Menschen fand, die vor
seinem Grabstein und Bilde, wie vor einem
Altar und Heiligenbild, um Abwendung der
Cholera beteten! Wie schön stimmte das in
goldenen Buchstaben eingegrabene Lob des

menſchenfreundlichen Arztes, des ritterlichen
Peſtbezwingers, mit der Scene dieſes Augen=
blickes! Ein ſolcher Augenblick allein iſt im
Stande, die lange Verfolgung des verkannten
Mannes zu ſühnen. Es war mir, als träte
die kräftige Geſtalt des wohlthätigen Alten
lebendig aus der Wand hervor, den Hülfe=
flehenden gütig beizuſtehn.

Als wir des andern Morgens von Salz=
burg weiter fahren wollten, ereignete ſich
eine höchſt komiſche Scene. Es fand ſich
nämlich eine neue Reiſegefährtin ein, deren
durch Gott weiß was für eine Krankheit,
geſchwollene Unterlippe die Größe einer Fauſt
hatte, und uns ein anſchauliches Bild von
der berühmten, in dieſen Gegenden ein=
heimiſch geweſenen Margareta Maultaſche
gab. Wer ſie nicht geſehen hat, kann ſich
das Gräßliche dieſer Carricatur nicht vor=
ſtellen. Die ganze Reiſegeſellſchaft brach bei
ihrem Anblicke in Convulſionen aus. Nun
ſollte ſie aber mitfahren, und es verſteht ſich,

daß keiner mit ihr in Einem Wagen sitzen
wollte. Die Groben fluchten, die Höflichen
suchten allerlei Ausflüchte, die unglückliche
Dame selbst setzte ihr ungeheures Mundwerk
in Bewegung, um allen zugleich zu ant=
worten; der Conducteur, der Postsecretär,
die Postillone mischten sich ebenfalls hinein.
Man stritt juristisch, und zwar ganz laut
vor der Dame, ob Häßlichkeit ein rechts=
kräftiger Grund zur Ausschließung vom Post=
wagen sey. Die Behörde erinnerte achsel=
zuckend, freilich, freilich, der Fall sey außer=
ordentlich. Ein Postillon schrie, er kenne
doch eine, die noch häßlicher sey. Ich be=
dauerte, daß kein Hogarth diese Scene malen
konnte, machte ihr aber ein Ende, indem
ich mit drei jungen Männern, den lustigsten
in der Gesellschaft, in einem Extrawagen da=
vonfuhr. So fuhren wir dem Eilwagen
voran bis N. N., wo uns die Strafe er=
eilte. Als wir nämlich ausgestiegen waren,
fiel uns ein allerliebstes Mädchen auf, die

bei der Post stand, und ängstlich auf Jemand
zu warten schien. Jeder von uns wünschte
dieser Jemand zu seyn, aber indem wir uns
noch an ihrem holden Erröthen weideten,
schüttelte der zweite Wagen seinen Inhalt aus,
und siehe da, Margareta Maultasche em=
pfing auf ihren Riesenlippen den Kuß der lie=
benswürdigen Kleinen, die, wie wir nun er=
fuhren, ihre Tochter war. Man denke sich
den triumphirenden Blick der Alten.

Ich hielt mich auf der Rückreise nirgends
auf, und am Morgen nach der dritten Nacht
nahmen die Waldberge Schwabens mich wie=
der in ihre dunkelgrüne Heimath auf. —

Wenn man von Preußen oder Oesterreich
aus, von den großen slavisch deutschen Rei=
chen, in das Labyrinth kleiner Staaten des
ächtgermanischen Kernvolkes gelangt, kann
man sich eines traurigen Gefühles nicht
erwehren. Warum dieser schöne kräftige
Stamm so zersägt und zerschnitzelt? Sachsen
wurde vom Adel, Franken von den Pfaffen,

Schwa=

Schwaben von den Bürgern zerstückelt;
Bayern allein hielt zusammen, war aber zu
schwach, und außer den monströsen Zwischen=
reichen im Osten, worin Deutsche und Sla=
ven zusammengekuppelt wurden, rissen noch
Frankreich und Dänemark sich des Reiches
Speckseiten ab, und Holland und die Schweiz
isolirten sich. So sind denn die vier Urstämme
deutscher Nation zerschnitten, zerschunden,
und nur noch wie ein Verhau zwischen die
europäischen Großmächte locker aufgeworfen.
Und dennoch hat diese lange tausendjährige
Sorgfalt, ein großes Volk aus dem Wege zu
räumen, im Wesentlichen nicht viel gefruch=
tet. Wie die französischen Vandalen Wochen
lang an dem Straßburger Münster hämmer=
ten, und seine ungeheure Masse und Felsen=
festigkeit siegreich widerstand, so daß sie ihn
nur des zierlichen äußeren Schmuckes berau=
ben konnten, so hat auch des deutschen Vol=
kes gute Natur bisher allen Arrondissements
und der hundertfachen neuen politischen Ge=

bie Eintheilung widerstanden. Immer noch ist es ein Volk, mit Einer Sprache, Einer Sitte, Einer Gesinnung.

Dieß hat sich namentlich in jüngster Zeit aufs schlagendste bewährt, und in der Sympathie der ächtgermanischen Stämme von Hannover hinauf bis zum Schwarzwalde liegt der Keim einer künftigen germanischen Reaction gegen alle fremden Einflüsse, eine Reaction, wie die war, welche schon längst in Frankreich das gallisch-lateinische Element gegen das eingedrungene germanische geübt hat.

Nachdem einmal der Rheinbund existirt hat, kann es keine tiefere Erniedrigung der ächtdeutschen Urstämme mehr geben; von da an haben sie angefangen, sich wieder aufzurichten, und der Geist, der sie in neuerer Zeit belebt, wird nie wieder, wenigstens nie auf die Dauer unterdrückt werden können. Fortan wird Alles, was geschieht, der germanischen Emancipation förderlich seyn, Friede und Krieg, Freund und Feind, Liberalismus und

Absolutismus, die Hemmniße wie die Hülfs-
mittel, Alles und Jedes, denn der Natur
müßen alle Kräfte dienen oder unterliegen.

Der Gang der Natur ist aber langsam,
und dem warmen Frühlinge geht mehr als Ein
Frost und Schauer vorher. Man kann nicht
aus Oesterreich kommen und dem unruhvollen
Frankreich sich nähern, ohne daß die ganze
Geschichte der alten Revolution und Coalition
dem kummervollen Blicke vorübergeht. Wo,
ich frage, wo liegen die Garantien, daß die
Tage von Rastadt sich nicht erneuern werden?
Ist die deutsche Bundesverfaßung ein festeres
Band, als es die alte Reichsverfaßung war?
Wird diese Fürstenrepublik indivisibler seyn?
oder werden die Völker sich etwa gegen Frank-
reich in Harnisch jagen laßen, wie 1813?
Und wenn nicht, wenn Frankreich siegt, wenn
einige Staaten, wie es bisher immer der
Fall war, abfallen, und die Bevölkerung lau
oder nur für die Franzosen warm ist, wer
wird dann hindern, daß die ganze alte Ver-

20 *

wirrung wiederkehrt, die auf jenem siebenfach
mit Schamlosigkeit umgürteten Rastadter Con=
gresse herrschte, und in die nur das brutale
Machtgebot von raubsüchtigen Fremden Ein=
heit brachte? Dann, ihr Franzosenfreunde,
freut euch eurer Freunde! und dann, ihr
Deutschbündler, preist noch ferner eure Föde=
rativverfassung! Fangt wieder das ganze alte
langweilige Gewinsel an, wie damals, und
grabt dann wieder die Nibelungen heraus
und schaut andächtig durch gemalte Fenster=
scheiben und tragt lange Haare!

Vierzig Millionen Menschen, das kräf=
tigste, intelligenteste aller Völker, das allen
andern Gesetze vorschreiben könnte, ist durch
die sonderbarste aller welthistorischen Verket=
tungen in den Fall gesetzt, als das schwächste
und dümmste zu erscheinen und von allen Nach=
barn beraubt, mißbraucht und verhöhnt zu
werden. Ist das natürlich? Nein! Kann
es ewig dauern? Nein!

Schluß=Capitel.
Geometrische Berechnung der Zukunft.

Es sey mir erlaubt, zum Schlusse den Blick von der Gegenwart hinweg in die Zukunft zu richten. Zwar liegt ein dunkler Vorhang davor, und die Meinungen über das, was wohl dahinter verborgen seyn könne, sind sehr verschieden und sehr vage; indeß wenn man von Namen und Zufälligkeiten, Nebensachen und Episoden absieht, läßt sich der eigentliche Inhalt der Zukunft wohl vorausberechnen. Kennen wir nicht die Bedürfnisse der Völker? Kennen wir nicht die vorhandenen und die noch schlummernden Kräfte? Wird der Inhalt der künftigen Weltgeschichte nicht nothwendig durch die Geltendmachung jener Be=

dürfnisse und durch die Entwicklung und den
Kampf dieser Kräfte bedingt seyn?

Die menschliche Gesellschaft entwickelt zur
Befriedigung ihrer Bedürfnisse verschiedene
Kräfte.

In der Harmonie dieser Kräfte besteht der
Frieden; aus ihrer Disharmonie entsteht
Kampf und Krieg.

Die Disharmonie ist das Uebergewicht
der einen Kraft, wodurch die andere in ihrer
Entwicklung zurückgehalten wird. Jedes
solche Uebergewicht ist unnatürlich, denn die
Natur will die Harmonie, und strebt beständig, die Disharmonie zur Harmonie zurück-
zuführen. Das ist der ganze Inhalt der
Weltgeschichte.

Jedes Extrem ist, weil es unnatürlich,
auf die Dauer unmöglich. In seiner höchsten Action ruft es die Reaction des gerade
entgegengesetzten Extrems hervor, das sich nun
seinerseits ebenfalls abnutzt, bis das Gleichgewicht hergestellt ist.

Das völlige Gleichgewicht aller, die menschliche Gesellschaft bewegenden Kräfte stellt sich nicht eher her, bis alle möglichen Extreme sich an einander aufgerieben haben. Der Mensch wird nur durch Erfahrung klug, und durch das Mißlingen ungerechter Plane gerecht, durch die Abnutzung des Uebermaßes gemäßigt. Jedes Extrem ist nur die einseitige, ausschließliche, daher Andern schädliche und unnatürliche Geltendmachung eines an sich natürlichen Bedürfnisses.

Das jedem Menschen angeborne in seinem Ursprung und Ziele heilige, religiöse Bedürfniß hat auf diese Weise zu dem Extreme der verabscheuungswürdigsten Kirchentyrannei, Intoleranz, Verdammungs= und Verfolgungssucht geführt.

Der natürliche und nicht genug zu schätzende Nationalstolz hat in seinem Extreme zu fluchwürdigen Eroberungs= und Vertilgungskämpfen gegen andere unschuldige Nationen geführt.

Das von dem Bedüfniſſe des Staats über=
haupt unzertrennliche Bedürfniß der Staats=
einheit hat zu dem Extreme unumſchränkter
Willkürherrſchaft eines Einzigen, zur Deſpo=
tie und Univerſalmonarchie geführt.

Das entgegengeſetzte, obgleich ſehr na=
türliche, im Zwecke des Staats liegende Be=
dürfniß des Contrat social, der Theilnahme
Aller an der Faſſung und Handhabung des
Geſetzes, das für Alle gelten ſoll, hat im
Extreme zur allgemeinen Auflöſung und zü=
gelloſen Anarchie geführt.

Das gleiche Bedürfniß des dinglichen
Wohlſtandes hat zum Extreme der Geldari=
ſtokratie, gegenüber der Armuth, geführt.

Endlich hat das Bedürfniß nach Bildung
im Extreme zur gelehrten und Kunſt=Ariſtokra=
tie, gegenüber dem unwiſſenden und rohen
Volke, geführt.

Werfen wir den Blick in die Weltgeſchichte
zurück, ſo finden wir, daß alle ihre großen Be=
wegungen und Veränderungen, die Kriege,

Reformationen und Revolutionen, aus der
Disharmonie der genannten Kräfte, aus ein=
seitigen und ausschließlichen Geltendmachun=
gen des einen oder andern Bedürfnisses, aus
der Action und Reaction der bezeichneten Ex=
treme entsprungen sind. Da die Bedürfnisse
und Kräfte der menschlichen Gesellschaft ihre
Natur nicht ändern, werden auch die Ereig=
nisse der Folgezeit an dieselben gebunden seyn.
Dabei scheint es aber, daß einige Extreme
sich bereits an einander aufgerieben haben, wäh=
rend es andere noch müssen.

Die Geschichte gleicht in ihrem Fortgange
der Gebirgskette der Cordilleren. Einige ih=
rer Vulcane sind schon ausgebrannt und ruhen,
andere sind noch in voller Thätigkeit, wieder
andere scheinen ihr junges Feuer noch in sich
verschlossen zu halten.

Der religiöse Kampf, der die wichtigste
Rolle in der Weltgeschichte gespielt hat, scheint
jetzt ausgetobt zu haben. Wenn sich auch bei
einigen südlichen Völkern noch Fanatismus

findet, so wird derselbe doch schwerlich jemals
auf das Schicksal Europa's Einfluß üben.
Die jesuitischen Versuche der neuesten Zeit sind
an der allgemein verbreiteten Aufklärung und
Toleranz gescheitert. Alle Stützen der alten
Hierarchie sind nach und nach gebrochen. Der
Papst ist seines größten Einflusses beraubt,
die Kirche hat den größten Theil ihrer Güter
verloren, die Bischöfe sind der weltlichen Macht
unterworfen, die Möncherei, der Aberglaube,
die Inquisition sind von der gebildeten Welt
längst verurtheilt, sogar der Cölibat wird je
mehr und mehr angegriffen. Der ganzen ka=
tholischen Welt steht eine zweite unblutige Re=
formation bevor, die früher oder später wahr=
scheinlich von Frankreich oder vom südlichen
Deutschland ausgehen wird. — Bei den
Protestanten ist der religiöse Fanatismus noch
weit mehr erloschen. Selbst der Pietismus
und Mysticismus dürfte, wenn er, wie zu
erwarten ist, noch eine Rolle in der Weltge=
schichte spielt, alsdann mehr eine politische

als religiöse Tendenz annehmen, und auch
dann nur vorübergehend in Fanatismus aus=
arten. Eine Verbindung puritanischer und
republicanischer Sectirerei, ausgehend von
der armen Classe, von den Proletairs, wie
der St. Simonianismus, wäre in der Folge=
zeit nicht unmöglich, allein auf die Dauer er=
trägt die Menschheit eine solche Anstrengung
nicht, und religiöse und sittliche Strenge füh=
ren zuletzt immer wieder zur Rückkehr der Le=
benslust. Somit bietet in religiöser Hinsicht
die Zukunft zwei große Chancen dar, eine
zweite Reformation der katholischen Kirche,
und eine vorübergehende pietistisch=republica=
nische Sectenherrschaft. Die erste dürfte, je
nachdem sie früher oder später eintritt, mehr
oder weniger Widerstand im Süden finden;
da aber diese Reformation nicht wie die erste
auf eine wesentliche innere Glaubensänderung,
sondern auf eine mehr äußerliche Umgestal=
tung der Kirchenverfassung ausgehen wird, so
ist es sehr wahrscheinlich, daß sie mit Klugheit

und Vorbedacht so unblutig als möglich in einem günstigen Momente unternommen wer=
den wird.

Die aufgeklärten Franzosen zeigen hierin schon jetzt viel Tact. Sie schonen den noch fanatisirbaren Süden; sie lassen die Ueber= zeugung langsam reifen, sie warten bis die überreife Frucht gleichsam von selbst vom Baume fällt. Daß sie sich dabei von den eigentlichen Protestanten entfernt halten, um deren Ehr= geiz und Proselytenmacherei nicht mit ins Spiel zu bringen, und um nicht das Ansehen zu haben, als wollten sie, wenn sie reformir= ten, dem Katholicismus ganz entsagen, und nur den Protestantismus sammt seinen, nun auch schon veralteten Mängeln annehmen, ist doppelt klug von ihnen. — An eben diesem Umstande und an der unvertilgbaren guten Laune des menschlichen Geschlechts, die mit der wahren Freiheit nur immer fröhlicher ge= deihen muß, wird auch die etwaige Schwär= merei künftiger Sectirer scheitern. Ich bin

innig überzeugt, daß auch im alten Europa
geschehen wird, was in Nordamerica geschieht,
daß nämlich allgemeine Toleranz und freie
Religionsübung, bei gleichen bürgerlichen Rech=
ten, jedem auf seine Weise die Befriedigung
seines religiösen Bedürfnisses gewähren wer=
den. — Gibt es noch Leute, die an eine
einige und allgemeine Kirche glauben, die
einst alle Völker umfassen werde, so haben
sie vielleicht Recht, sofern sie dieses Ideal
in eine ferne Zukunft versetzen. So lange
aber nicht neue Wunder geschehen, und die
Menschen, selbst bei gleicher Geistesbildung
doch durch Nationalität, Klima, Geschäft,
Temperament und Seelenstimmung verschie=
den bleiben, dürfte auch wohl die schöne
Mannichfaltigkeit religiöser Glaubensansichten
und Culte sich nicht leicht uniformiren lassen.

Der nationelle Ehrgeiz hat nächst dem
religiösen Fanatismus bisher in der Weltge=
schichte die größten Schicksalswechsel herbei=
geführt. Völkerkriege und Religionskriege neh=

men einen weit größern Raum in der Ge=
schichte ein, als alles Andere, und selbst die
Bürgerkriege sind ihnen untergeordnet. Lei=
der können wir nun in Bezug auf den natio=
nellen Fanatismus nicht dieselbe Hoffnung
hegen, wie in Bezug auf den religiösen.
Erscheint der religiöse ausgebrannt, so glüht
der nationelle noch in voller Stärke. Im=
mer allgemeiner verständigen sich die Men=
schen über den Grundsatz wechselseitiger reli=
giöser Duldung; aber daß eine Nation der
andern dieselbe Gerechtigkeit schuldig sey, wol=
len sie sich noch nicht überreden lassen. Un=
ser sonst so weit vorgeschrittenes Zeitalter lebt
hierin noch in tiefer Barbarei. Vor unsern
Augen sehen wir unschuldige Völker schlach=
ten, und andere in fremden Fesseln, und
kaum wundern wir uns darüber, so sehr
sind wir dessen gewohnt. Es ist daher vor=
auszusehen, daß auch in der Zukunft diese
barbarische Mißhandlung einer Nation durch
die andere noch lange fortdauern, daß nur

eine Nation mit der andern darin abwechseln
wird, und daß vielleicht erst spät, wenn alle
ihren Ehrgeiz gebüßt, jenes heilige Völker=
recht in Kraft treten wird, das jetzt der
wahre Menschenfreund erst ahnet.

Daß Despoten, die in ihrem eigenen Lande
unumschränkt herrschen, auch nach außen er=
obern und fremde Völker zu Sklaven machen,
ist natürlich. Die Geschichte Englands und
Frankreichs belehrt uns aber, daß auch freie
Staaten in Bezug auf das Ausland dieselbe
barbarische Moral haben. Insbesondere ist
sich die auswärtige Politik Frankreichs unter
allen Wechseln darin immer gleich geblieben.
Der legitime Ludwig XIV, die Republik und
der Usurpator Napoleon, sie alle haben er=
obert, und die Rechte der schwächern Nach=
barn mit Füßen getreten.

Es gehört etwas viel politische Leichtgläu=
bigkeit dazu, wenn man sich der Hoffnung
hingeben wollte, daß die Nationen so bald
aufhören werden, einander als Fremde und

Feinde zu behandeln. Weit näher liegt die
Furcht vor neuen Störungen des Gleichge=
wichts, des Scheinfriedens und trügerischen
Waffenstillstandes durch die Uebermacht dieser
oder jener großen Nation.

Und welcher? Nach der Zerstörung der
römischen Herrschaft herrschten die Deutschen
von Europa's Herzen aus. Durch Feuda=
lismus und Reformation zerrüttet, verloren
sie Einheit und Ansehen, und eine Zeit lang
kamen die extremen Nationen in Flor, die
sich an Europa's Gränzen vertheilen, wie
denn immer, jemehr die Mitte sich indiffe=
renzirt, die Pole sich verstärken. Daher be=
kamen seit den Zeiten des Kaisers Max
die Seestaaten ein auffallendes Uebergewicht
über die Binnenstaaten. Nicht nur die Tür=
kei, Spanien, England und Schweden, son=
dern auch Venedig, Portugal und Holland
erlebten eine vorübergehende Periode des
Glanzes und der Macht. Nachdem aber
diese centrifugale Ausstrahlung der europäi=
schen

schen Kraft ihr Aeußerstes erreicht hatte, be=
gann sie die Rückkehr zur Mitte, und mit
der französischen Revolution beginnt aufs
neue das Uebergewicht der Binnenstaaten
über die Seestaaten. Wie Italien in der
Völkerwanderung, Deutschland in der Refor=
mation sich desorganisirt hatten, so erschöpf=
ten sich jene neuen Seestaaten durch ihre un=
natürliche Anspannung. Nacheinander ver=
sanken die Türkei, Venedig, Spanien, Por=
tugal, Schweden und Holland in Unmacht,
und selbst England erhielt sich auf seiner
Höhe nur durch übertriebene Anstrengungen,
in denen der Keim seiner künftigen Desor=
ganisation enthalten ist. Da nun aber zur
Zeit dieses Verfalls der Seestaaten Deutsch=
land, Europa's Herz, noch nicht so weit sich
wieder erholt und gesammelt hat, um den
aufgegebenen ersten Rang wieder einzuneh=
men, so haben Frankreich und Rußland auf
dem Continente das Uebergewicht erlangt. Sie
wurden erst groß durch den doppelten Ver=

Menzels Reise nach Oesterreich.   21

fall einerſeits des großen Binnenſtaats, an=
dererſeits der Seeſtaaten. Ihre Periode iſt
nun noch nicht abgelaufen, ſie wird dauern
bis zu der Zeit, in welcher Deutſchland ſich
verjüngen wird.

Frankreich kann möglicherweiſe ſeine bis=
herigen Eroberungen noch eine geraume Zeit
fortſetzen. Es kommt ihm dabei zu Statten:
1) ſeine phyſiſche Macht gegenüber von er=
ſchöpften oder in ſich getheilten und uneini=
gen Nationen; 2) das Princip der Frei=
heit und Civiliſation, das ihm auswärts
viele Freunde macht; 3) ſeine Erinnerung,
ſein Ehrgeiz, ſein abentheuerlicher Sinn.
Wird es durch Angriffe der auswärtigen Au=
tokratie zu Freiheitskämpfen begeiſtert, und
ſiegt es, ſo eignet es ſich unfehlbar das
linke Rheinufer zu, und frägt nichts nach
unſerm gekränkten Nationalgefühle, mag es
auch ſein eigenes noch ſo heilig achten.

Rußland wird unter allen Umſtänden ſeine
Eroberungen fortſetzen, denn auf der einmal

betretenen Bahn zur Universalmonarchie steht
man nicht mehr stille. Gesetzt, es wird auch
im Westen durch französische Siege und eine
neue Wiederherstellung Polens, oder später
vielleicht durch eine Verbindung Preußens und
Oesterreichs aufgehalten, so wird es um so
gewisser seine Waffen nach Osten tragen, und
seine Eroberungen in der Türkei, Persien und
den Tartarenländern fortsetzen.

Welcher von beiden Staaten, Frankreich
und Rußland, das Uebergewicht behalten mag;
oder ob beide sich (wie unter Napoleon und
Alexander im Jahre 1809) in die Weltherrschaft theilen, immer wird Deutschland dabei
verlieren; es wird neuer Provinzen beraubt,
in sich zerrissener und vom Ausland abhängiger werden, bis die Mißhandlung von au
ßen her vielleicht eine allgemeine Erhebung der
Nation herbeiführt. In diesem Falle ist es
möglich, daß Deutschland wieder sehr groß
und mächtig wird, allein dann gehen auch
wir vielleicht wieder zu weit, und kränken

die Rechte anderer Nationen. Ich bin zwar
überzeugt, daß keine Nation in der Welt
so empfänglich für Gerechtigkeit und so fähig
ist, mit Großmuth das Völkerrecht einzu=
führen, und zu handhaben, als die deutsche,
aber wann wird die Zeit kommen, da eine
solche Moral die Leidenschaften überwindet?

Vom nationellen Ehrgeiz und den Erobe=
rungen anderer Nationen ist nichts zu be=
sorgen.

Die Spanier und Portugiesen, Italie=
ner, Dänen, Schweden und Norweger liegen
zu tief darnieder, als daß sie nicht mit sich
selbst genug zu thun hätten. England ist
vom Continente ausgeschlossen, und kann auf
demselben nie dauernde Eroberungen machen.
Selbst seine Seeherrschaft wird mehr und
mehr durch seine eigenen ehemaligen Colo=
nien paralysirt werden. Polen und Ungarn
werden in der Mitte zwischen Deutschland
und Rußland, wenn auch dereinst vielleicht
emancipirt, doch den größern Nachbarn nicht

gefährlich seyn. In der Türkei endlich wird
die Herrschaft der eingedrungenen Türken
immer mehr der wachsenden Macht der alten
Einwohner, Serben und Griechen, weichen
müssen, und diese sind zu schwach, um den
großen Nationen Europa's Gefahren zu be=
reiten. —

Das Bedürfniß der Centralisation wird
im Innern der Staaten künftig noch eine eben
so bedeutende Rolle spielen, wie der natio=
nelle Ehrgeiz und die Eroberungslust nach
außen. Es wird sich geltend machen: 1) in
den zertheilten oder locker föderirten Ländern,
also in Deutschland, Polen, Italien und
Südamerica, vielleicht wenigstens in gewis=
sem Maße auch noch in der Schweiz, und
2) unter allen Umständen, wo die Regie=
rung eines Staates besonderer Energie bedarf,
also in der Einführung der Dictatur oder
in der Ausdehnung der königlichen Präro=
gative in Kriegszeiten, wie dieß in Frankreich
der Fall war. Dann aber ist auch schwer=

lich das Extrem der Despotie zu vermeiden,
sollte dasselbe auch nur vorübergehend seyn.
Wir werden daher trotz aller Föderationen
und Constitutionen, welche die Rechte der
Einzelnen wahren, auch in der Zukunft, wie
bisher, immer noch in kritischen Zeiten mächtige Gewalthaber auftreten sehen, und nichts
ist vager, als der Traum der Demokraten,
daß dereinst das Gesetz allein herrschen werde.

Jedoch ist kaum zu zweifeln, daß auch
die Despotie je länger je weniger auf die
Dauer möglich seyn wird. So nothwendig
sie immer wieder eintritt, so bald große
Krisen die Gewalt in die Hand eines vor-
ragenden Geistes legen, so gewiß ist auch,
daß sie mit jener Krise auch ihr Ende erreichen
muß. Der Krieg schafft, der Friede stürzt
die Tyrannei. Die Völker reifen immer mehr
in der Erkenntniß und praktischen Handhabung
ihrer Rechte, um eine dauernde Willkürherr-
schaft ertragen zu können, und wie sich diese
abnützt, hat am klarsten Napoleon bewiesen.

Also wird es in Zeiten des Kampfes immer wieder Dictatoren geben, aber sie werden nicht dauern. —

Ebenso wird die Demokratie, im Gegensatze gegen jene Centralgewalt, noch öfter ihre Rechte bis zum Extreme geltend machen. Ob aus religiösem Fanatismus, wie in der englischen Revolution, oder aus politischem, wie in der französischen, läßt sich im voraus nicht berechnen; indeß scheint es, als ob der Fanatismus, der zu neuen demokratischen Stürmen führen wirde, ein ökonomischer seyn wirde.

Der Pöbel haßt in neuester Zeit die Centralgewalt nicht mehr wegen Beschränkung der Religions- und bürgerlichen Freiheit, sondern wegen Nahrungslosigkeit; und jede künftige Demokratie dürfte nicht mehr die religiöse oder politische, sondern Gleichheit des Vermögens zu ihrem Wahlspruche machen.

Immer aber kann eine solche Desorganisation der Staatsgewalt und Zurückführung der Gewalt auf die Urversammlungen, wodurch jede Demokratie sich charakterisirt, nur kurze Dauer haben, weil sie theils dem dringenden Bedürfnisse der Staatseinheit, theils dem natürlichen aristokratischen Hange der Menschen, und dem ewig unausrottbaren Unterschiede der Talente und Beschäftigungen, und des daraus folgenden Vermögensunterschiedes widerspricht. —

Am wenigsten vielleicht ist vom Provincialismus und von dem Kastengeiste der einzelnen Stände und Zünfte zu fürchten, weil diese Uebertreibungen in früherer Zeit nur zu nahe liegende Uebel herbeigeführt haben, und jetzt alles weit mehr zur Einheit und Gleichheit, als zur Zerspaltung und Ungleichheit tendirt. Die künstliche Ungleichheit der Stände und Corporationen löst sich mehr und mehr auf. Sie haben die eine Hälfte ihrer Privilegien an den Staat, die andere an die bürgerliche Gleichheit verloren. Die Regierungen gestatten weder der

Geiſtlichkeit; noch dem Adel, noch den Städ=
ten die Führung ihrer alten Waffen, und
haben ſie denſelben an vielen Orten ſchon
gänzlich entriſſen. Auf der andern Seite
macht der Grundſatz der Gleichheit vor dem
Geſetze, der gleichen Befähigung zu Staats=
ämtern, und der Gewerbefreiheit immer rei=
ßendere Fortſchritte, und ſo nivelliren ſich die
Stände.

Der natürliche Unterſchied der Provinzen
dagegen iſt bedeutender als der künſtliche der
Stände. Seit Jahrtauſenden hat ſich der=
ſelbe in Deutſchland und Italien in ſeiner
ganzen Schroffheit erhalten, und in Süd=
und Nordamerica tritt er als das mächtigſte
Hinderniß der neuen Staaten=Entwicklung
entgegen. Der Politiker ſtößt hier auf ein
Naturgeſetz, über das er nicht zu ſchnell ab=
urtheilen darf. Indeß ſind die Nachtheile
der provinzionellen Iſolirung allzu augen=
fällig, als daß nicht früher oder ſpäter über=
all das Bedürfniß einträte, die Intereſſen der

einzelnen Provinzen mit dem Interesse des ganzen Landes in Einklang zu bringen.

Diese Isolirung führt im Extreme zur feindseligen Abgränzung, zu Bürgerkrieg, Verrath an Fremde, endlich zum Untergange. Dieß sehen Deutsche und Italiener nach langer Erfahrung wohl ein, und wünschen Einheit, während die jungen americanischen Staaten, die vor äußern Feinden sicher sind, das Bedürfniß der Einheit auch weniger fühlen, und mehr zum Föderalismus neigen.

Die nächsten Jahrhunderte werden noch viele Kämpfe sehen, wobei es sich um diese entgegengesetzten Interessen handelt, und sie werden in der Regel in den Zwischenperioden zwischen allgemeinen Kriegen eintreten, da sie ihrer Natur nach nur bürgerliche Kämpfe sind. —

Die politische Aristokratie ist in allen Formen abgenützt, mit einziger Ausnahme der aus dem Geldreichthum entspringenden Aristokratie, die jedoch immer nur zufällig zugleich eine politische ist. Das aus dem Alterthum entlehnte Patriciat in städtischen Republiken, wie Venedig und Bern, hat sich überlebt, ist gleichsam mehr eines natürlichen als gewaltsamen Todes gestorben, und dürfte hie und nirgends wiederkehren. Die aus dem Mittelalter entlehnte Aristocratie der großen Landbesitzer, des Magnatenadels ist ebenfalls, wenn nicht überall zerstört, doch in den Hintergrund geschoben. In Polen hat sie den Ruin des Landes herbeigeführt, in Frankreich wurde sie durch die Revolution ausgerottet, in England hat sie sich längst mit dem demokratischen Princip verglichen, und in allen übrigen Ländern hat sie dem monarchischen sich unterwerfen müssen, ist der alte unabhängige Landadel entweder ein abhängiger Hof- und Beamten-Adel, oder aber von diesem an Ansehen übertroffen und zurückgesetzt worden, wie dieß letztere in Rußland der Fall ist.

Ueberall ist der Adel entweder auf eine

übermächtige Demokratie, oder auf eine über=
mächtige Monarchie gestoßen, und hat ihne
weichen müssen. Es scheint ihm nun auch
nichts weiter übrig zu bleiben, als vollends
unterzugehn. Gesetzt, er versuchte irgendwo
eine Reaction, so könnte dieselbe nur vorüber=
gehend seyn, und würde zuletzt immer nur
zum Vortheile der Demokratie ausschlagen.
Gegen die letztere wehrt sich der Adel ver=
geblich, wie Frankreich und England hinläng=
lich beweisen; gegen die Monarchie dagegen
kann in gewissen Fällen der Widerstand des
Adels reüssiren, wenn nämlich die Monarchie
entweder zur Despotie ausartet, oder sich der
Fremden gegen die Einheimischen bedient, und
der Adel in diesem Falle mit dem Volke ver=
einigt, die Freiheit und das Vaterland ver=
theidigt. Allein in diesem Falle würde der
Adel nichts für sich, sondern alles nur für
das Volk gewinnen. Wenn der polnische
Adel in der letzten Revolution gesiegt hätte,
würde er nur zu bald sein Ansehen mit dem

Volke haben theilen, und es endlich dem
Volke ganz haben abtreten müssen. Wenn
je in Rußland eine aristokratische und nationelle Reaction gegen den Hof und die Fremden erfolgt, so wird sie unmittelbar den
Uebergang bilden zu einer Emancipation der
Bauern. Der Adel kann nichts mehr durch
sich allein, also auch nichts mehr für sich
allein thun, sondern alles nur durch das Volk
und für das Volk.

Anders verhält es sich mit dem Adel der
Aemter und Titel. Um diesen bewirbt sich
jetzt alles, dieser ersetzt jetzt mit Ordens-
bändern und Goldcumulus die Wappen und
Ahnen, und er dürfte noch lange als Be-
stechungs- und Bezauberungsmittel der Menge
den Machthabern dienen; allein indem die
ganze Auszeichnung dieses Adels eben nur in
der Livree des Despotismus besteht, ist er
nichts weniger als aristokratisch, und hat keine
politische Bedeutung für sich, sondern nur als
Werk- und Spiel-Zeug des Despotismus.

Seine Schicksale werden daher auch immer
an die des Despotismus geknüpft seyn. Jede
Aufwallung des demokratischen Geistes gegen
die Tyrannei, wird auch jene Puppen zer-
brechen, wie dieß in der französischen Revolution geschah, und jeder neue Usurpator wird
die glänzenden Spielsachen wieder einführen,
und seine Sklaven wieder mit Gold bedecken,
wie dieß unter Napoleon geschah. —

Die gelehrte Aristokratie hat zwar
keinen großen Einfluß auf die Politik, aber doch
auf die Cultur, und dadurch wenigstens mittel-
bar auch auf die Politik. Wir können uns
nicht verbergen, daß in Europa, in Bezug
auf geistige Cultur die Bevölkerung hin und
wieder in eben so schroffe Gegensätze sich
trennt, wie in Indien der Bramine sich vom
Paria unterscheidet. Eine kleine wissenschaftlich und ästhetisch gebildete Minderzahl stellt
eine geistige Aristokratie mit allen Vorzügen,
aber auch mit allen Lastern der Aristokratie
dar, während die größere Mehrzahl des unge-

bildeten Volkes unwissend, geschmacklos, roh,
in geistiger Hinsicht noch weit mehr als in
physischer, Pöbel ist. Ueberbildung, Dünkel
und Verkehrtheit zeigen sich auf jener aristokratischen, thierischer Stumpfsinn, oder der
rudeste Geschmack auf dieser plebejischen
Seite.

Dieß ist aber ein Mißverhältniß, das
wohl nicht immer dauern kann. Wir bemerken, daß die größten Ausschweifungen der
Gelehrsamkeit und Kunst auch immer mit politischen Extremen zusammenhängen, während
eine gemäßigte und allgemeine Freiheit allemal
auch die Bildung nivellirt. Griechenland
war am gebildetsten und hatte seine größten
Schriftsteller und Künstler zu der Zeit, da es
am freiesten war; eben so Rom, ja sogar die
Glanzperioden der orientalischen Literatur und
Kunst knüpften sich an die Regierungsjahre
der bessern Fürsten an. — In Frankreich
überließen sich die Geister unter Ludwig XIV
und XV den größten aristokratischen, und in

der Revolution den größten demokratischen
Ausschweifungen; dasselbe geschah in Eng=
land, dieses unter Cromwell, jenes unter
Karl II. Aber die Liederlichkeit und der
Atheismus der vornehmen Geister, so wie die
Schwärmereien und der Sectengeist der Anar=
chisten hörten auf, als die Freiheit sich con=
solidirte, und gegenwärtig herrscht in der eng=
lischen wie in der französischen Literatur ein
anständiges Maaß, eine Vermeidung der Ex=
treme, der Ueberbildung, des Unverständigen,
des Rohen wie des Seichten, ein Streben
geistreich zu seyn, aber populär, und populär
zu seyn, aber geistreich. Daher wird durch
diese Literatur die Bildung der höhern Classen
den niedern zugänglich, und in dem Maaße
weiter nach unten verbreitet, als diese Bil=
dung nach oben nicht mehr den aristokratischen
Capricen huldigt.

In Deutschland ist es noch nicht so weit
gekommen. Hier steht die gelehrte Kaste noch
immer der rohen Menge ziemlich schroff gegen=
über,

über, und während die englischen und fran=
zöfifchen Schriften faft jedem Engländer und
Franzofen, der nur irgend lefen kann, ver=
ftändlich find, erfcheinen jährlich in Deutfch=
land noch immer eine Menge Bücher, deren
minutiöfer oder extravaganter Inhalt und de=
ren affectirte Kunftfprache fie felbft den Ge=
bildeten unzugänglich und nur für einen klei=
nen Kreis von Schulverwandten intereffant
macht. Auf der andern Seite fchreiben wie=
der unfere Mode= und Pöbel=Schriftfteller
Bücher, deren Gemeinheit und Seichtigkeit
nur in Deutfchland Glück machen kann, von
dem kräftigen Geifte und reifern Urtheile der
Engländer und Franzofen aber unfehlbar zu=
rückgewiefen werden würde. Die philologi=
fchen und hiftorifchen Specialitäten, Citate
und Noten, womit unfere deutfchen Gelehr=
ten die Literatur überfchütten, die unfinnigen
philofophifchen und politifchen Syfteme, worin
fie ihre Thatenlofigkeit, ihren Müßiggang,
ihren Mangel an Erfahrung, ihre Phanta=

ſtereien aus Langerweile, ihre noch immer
kindiſche Sentimentalität und ihre beim Mangel männlicher Würde weibiſche Eitelkeit zur
Schau tragen, endlich unſere ſogenannte Un-
terhaltungsliteratur, worin alle unſere Na-
tionalkrankheiten in eine monſtröſe Waſſer-
ſucht übergehen; alle dieſe Erſcheinungen
ſind nur Folgen unſeres unnatürlichen politi-
ſchen Zuſtandes, und werden früher oder ſpäter aufhören.

Unſere überbildeten Geiſter werden zur
Natur, zur Vernunft und zum rechten Maaße
der Dinge zurückkehren, und unſer unnatürlich in Rohheit zurückgehaltenes oder mit Vor-
urtheilen vollgepfropftes, aber der wahren
Bildung mehr als irgend ein anderes fähiges
Volk wird ſich herausbilden und je mehr und
mehr geiſtig emancipiren. Die großen Talente der Nation werden früher oder ſpäter
einmal zum Handeln berufen werden, und
nicht immer zu einſamen gelehrten Beſchäfti-
gungen und öder Phantaſterei verdammt blei-

hen, und das Volk wird sich nicht immer mit
unbegreiflicher Geduld die Narrheiten und
Schamlosigkeiten der Schriftsteller und der
Bücher aufschwatzen lassen, wie bisher, son=
dern seinen Weisen wie seinen Spaßmachern
Maaß und Schranken setzen. Es ist voraus=
zusehen, daß in den nächsten Jahrhunderten
in Deutschland, wie überall, die gelehrte und
Kunstaristokratie je mehr und mehr ihre Ein=
seitigkeit, ihre Ausschließlichkeit, ihren Luxus,
ihre Ausschweifungen, ihre Spielereien, ihre
unvernünftigen Vorurtheile und schädlichen
Lehren wird aufgeben müssen, und daß dage=
gen die unwissende und rohe, noch im Aber=
glauben und alter Barbarei, oder in neuen
Lastern und verkehrten Begriffen versunkene
Menge dem Lichte der Vernunft entgegenreifen
wird, und daß demnach der Gelehrte und
Künstler immer volksthümlicher, populärer,
das Volk immer gebildeter und geschmackvoller
werden wird. Kunst und Literatur, nicht
mehr von der Hofgunst oder von einzelnen

22 *

Schulen und Secten abhängig, werden, im
Geist und Leben der Nation wurzelnd, auch
weit besser gedeihen. —

An die Geldaristokratie werden sich
wahrscheinlich sehr wichtige Fragen der Zukunft
knüpfen.   Sie ist die allein mögliche, aber
auch die unvermeidliche Aristokratie der Zu=
kunft.   Sie beruht nicht auf dem Glauben,
wie der Geburtsadel, sondern auf der Wirk=
lichkeit, und sie ist nicht von der Regierung
abhängig, wie der Beamtenadel.   Sie hat
also zu allen Zeiten eine wirkliche, schnell
und leicht zu handhabende Macht,   und sie
kann sich dieser Macht, troß des Staats,
ja gegen den Staat bedienen.   Am wichtig=
sten aber ist der Umstand, daß man sie durch
keinen Machtspruch, durch kein Gesetz, durch
keinen 4 August vernichten kann, denn nichts
ist elastischer, wie das Geld; kaum ist es
hier weggeschoben, fließt es dort wieder zu=
sammen.   Dieselben bürgerlichen Garantien,
welche die persönliche Freiheit, das Vermö=

gen, die freie Concurrenz der Gewerbe und
des Handels sichern, sichern auch dem Ta=
lent und Glück die Mittel der Bereicherung.
Gerade je freier eine Nation wird, um so
mehr wird alles Vermögen beweglich, und
durch seine Beweglichkeit dem raschen Wech=
sel der Ebbe und Fluth unterworfen. Nun
erzeugt aber die Anhäufung des Vermögens
auf einer Seite eine eben so große Armuth
auf der andern, und dieser Gegensatz erscheint
beim beweglichen Gut noch weit größer als
beim unbeweglichen. Gehn auf einen Land=
aristokraten hundert Leibeigene, so gehn auf
einen reichen Bankier oder Fabrikherrn 1000
Proletärs. Dieß läßt sich nicht verbergen,
und daher dürfte dereinst eine Reaction gegen
die Geldaristokratie eintreten, die noch weit
furchtbarer seyn wird, als die frühere gegen
die Landaristokratie; theils weil die Noth
wirklich größer ist; theils weil es sich dabei
nicht zugleich um politische Rechte, sondern
um das Geld allein, nicht um eine Revo=

lution, sondern um Raub handelt. Aber auch ein Raub ist nichts Andres, als ein Wechsel der Besitzer. Die allzugroße Ungleichheit des Vermögens, der grelle Gegensatz von ungeheurem Reichthum und ungeheurer Armuth läßt sich nicht durch Raub und Wechsel der Besitzer aufheben; um die Quelle dieses Uebels zu verstopfen, bedarf es ganz andere Maßregeln. Eine solche haben zuerst die St. Simonianer entdeckt, und, wie ich schon in einem frühern Capitel bemerkte, scheint denselben in der Zukunft eine bedeutende Rolle vorbehalten zu seyn, sofern die Nothwendigkeit einer Ausgleichung des Vermögens und die Furcht vor Hunger die künftigen Jahrhunderte und Jahrtausende weit mehr beschäftigen werden, als die Ausgleichung der Rechte und die Furcht vor dem Despotismus.

Das wären nun Chancen genug für die Zukunft. Aber wird die Rechnung nicht trügen? Werden sich nicht unvorhergesehene

Wunder ereignen? Wird die nüchterne pro=
saische Wahrscheinlichkeits = Rechnung der Er=
fahrung, oder werden die poetischen Visionen
der Apokalyptiker Recht behalten? Das wer=
den wir bald sehen, denn der ehrwürdige
Johann Albrecht Bengel sagt uns in seiner
erklärten Offenbarung Johannis, daß die
Katastrophe ganz nahe ist. Ihm zufolge wird
schon im Jahre 1834 das Thier aus dem
Abgrunde steigen, und grimmer als jemals
wüthen, im Jahre 1836 aber wieder ver=
tilgt werden, und für immer untergehn. Im
Jahre 1836 wird seyn das Ende der vielen
Könige, die Vollendung der Worte Gottes
und seines Geheimnisses, der Untergang des
Thiers, tausendjährige Gefangenschaft des
Satans. Hierauf wird Satan noch auf eine
kurze Frist losgelassen, und dann fangen die
tausend Jahre an, in welchen die Heiligen
regieren. Darin wird es, wie es scheint,
sehr republicanisch und einfach zugehen. „Die
Heiligen, sagt Bengel, werden auch im Glau=

ben, aber nicht im Schauen wandeln, sie werden Pilgrime, aber noch nicht einheimisch seyn. Die sämmtliche Gemeinde Christi wird bleiben wie zuvor. Es wird Bösewichter geben bis ans Ende der Welt. Aber das Gesetz wird regieren. Es wird noch Regenten und Obrigkeiten geben, aber sie werden mit ihren Unterthanen als mit Brüdern umgehen. Es wird bleiben der Ehestand, der Feldbau und andere rechtmäßige Arbeit, ohne dasjenige, was menschlicher Fürwitz, Pracht und Schwelgerei daneben eingeführt hat. Jedoch wird, fügt er schelmisch lächelnd hinzu, jedoch wird die Creatur noch nicht gar von der Eitelkeit befreit seyn, und es wird noch nicht der neue Himmel und die neue Erde seyn."

Lightning Source UK Ltd.
Milton Keynes UK
UKHW021807180722
406016UK00005B/987